nF421120

DANIEL GERARDO DI MATTEO

Trazado y Construcción de las Pirámides Egipcias

Daniel Gerardo Di Matteo

2022

Copyright © 2021 Daniel Gerardo Di Matteo

Todos los derechos reservados.

ISBN- 9798783094316

Para comprender la construcción de las pirámides, primero hay que comprender su trazado.

Daniel Gerardo Di Matteo

CONTENIDO

INTRODUCCIÓN:

En esta segunda edición del libro, voy a avanzar en mi teoría sobre el trazado de las pirámides de Giza en particular y las pirámides de caras lisas en general. He realizado algunos avances, que hacen a la aplicación de esta técnica y presentaré nuevas evidencias que confirman con mayor claridad aún, su uso por parte de los antiguos egipcios.

Desde mi juventud he estado dedicado a investigar la construcción de las pirámides egipcias. Incursioné en la temática impulsando la idea de que la Gran Galería era una rampa interior que intervino en la construcción de la Gran Pirámide *(1). Su ubicación en la edificación así como los rieles de piedra que contiene a ambos lados con huecos rectangulares existentes a intervalos regulares, me llevó a pensar en el uso de un contrapeso que intervino en la construcción a gran altura.

Antes de terminar el primer libro que publiqué sobre el tema, llamado La Pirámide Posible, me encontré con la dificultad de que tenía que agregar un capítulo sobre el trazado de las pirámides. Siempre había considerado que el trazado era algo accesorio, separado de la construcción y que no incidía en ella.

En principio pensé en citar las teorías existentes, pero debido a que ninguna consigue trazar la pirámide, decidí postergar la publicación del libro hasta formarme una opinión clara sobre el tema. Transcurrieron algunos años hasta que visualicé una manera de realizar el trazado. Entendí entonces que **para comprender la construcción de las pirámides primero hay que comprender su trazado.**

El trazado de las pirámides requería que el núcleo escalonado se construyera primero y esto incidía directamente en la construcción. Esta modificación del escenario, me permitió clarificar mi propuesta constructiva y a la vez explicar el trazado.

Finalmente comprendí que las pirámides se construyeron en dos etapas, primero construían el núcleo escalonado utilizando rampas y colocaban el piramidón en la cima. Luego de trazar la forma piramidal utilizando la sombra proyectada por el piramidón, colocaban la cobertura mediante el empleo de rampas en los sectores bajos y medios, mientras que en la altura, elevaban los bloques del revestimiento utilizando el contrapeso.

En mi opinión todo tiene lógica y los misterios de las pirámides no escapan a ello.

Las respuestas a las interrogantes en las pirámides, además de ser la conclusión de un razonamiento lógico, tienen que estar dentro del contexto histórico y ser avalado por evidencias científicas.

Por ejemplo es frecuente escuchar este razonamiento:

Quienes trazaron las grandes pirámides lo hicieron con una precisión asombrosa. La precisión alcanzada es similar a la que se obtendría utilizando instrumentos de agrimensura modernos. Siendo que los antiguos egipcios no tenían instrumentos de precisión, la conclusión es que ellos no trazaron ni construyeron las pirámides.

Esta es una conclusión lógica, pero es equivocada como demostraremos en este libro, porque se basa en la hipótesis errónea de que las pirámides se trazaron midiendo.

Además esta conclusión está fuera del contexto egiptológico, que indica que fueron los antiguos egipcios quienes trazaron y construyeron las pirámides.

A esta obra considerada la primera maravilla del mundo antiguo se llega como resultado de la evolución constructiva experimentada en las tumbas faraónicas del Antiguo Imperio Egipcio.

Quienes construyeron las pirámides las aprendieron a construir en Egipto sobre la base de su propia experiencia. Mientras la civilización egipcia construía las pirámides, las pirámides construían la civilización egipcia. El descubrimiento del pueblo de los constructores en Giza realizado por los Drs. Zahi Hawass y Mark Lehner así como el papiro de Mener, capataz de las obras de la Gran Pirámide que describe el transporte de los bloques del revestimiento, nos permite ubicar la obra en el contexto histórico del Antiguo Imperio Egipcio. *(3)

Ref: Giza and the Pyramids (Hawass, Lehner)

En mi opinión, la conclusión lógica es **que los antiguos egipcios no trazaron las pirámides <u>midiendo</u>** sino que utilizaron otra técnica que estaba en sus posibilidades.

Cuando participé en el foro de los Guardianes de Egipto, de la página oficial del Dr Zahi Hawass, me resultaba dificultoso explicar a quienes consultaban, como distinguir entre tantas teorías constructivas existentes, ¿cuál era la correcta y por qué ?

Hoy puedo responder a esa pregunta, la teoría constructiva correcta, necesariamente debe considerar el trazado de la pirámide y resolverlo.

Entiendo también que ya no es suficiente con teorizar sobre el tema, es necesario demostrarlo en la práctica.

Esta última década la he dedicado a desarrollar el procedimiento de trazado con el objetivo de que pueda ser reproducido y constatado en la Gran Pirámide.

Para que el lector comprenda rápidamente la idea del trazado, diré que ningún agrimensor moderno dudaría de que es posible trazar la Gran Pirámide proyectando rayos láser desde la cima en la dirección de sus aristas y apotemas. La técnica que aplicaré para el trazado utiliza los rayos solares y las sombras proyectadas por el piramidón desde la cima. Estas sombras proyectadas son transportadas utilizando marcadores equidistantes que reciben y proyectan la sombra, manteniendo la apreciación y por consiguiente la precisión.

Finalmente utilizaremos la sombra proyectada por las aristas y apotemas trazadas, así como las líneas auxiliares, para realizar el chequeo y ajuste definitivo de la forma piramidal.

Las pirámide de Giza tienen la base girada entre 3,5 y 6 minutos de grado (0,15 grado). Esta desviación no es un error, lo que ocurre es que las pirámides debían ser alineadas según la curva de sombra utilizada para trazarlas.

La diferencia entre esta alineación y la orientación según los puntos cardinales no es apreciable a simple vista, ya que el ojo humano aprecia desviaciones mayores a 1 grado.

A modo de ejemplo, sobre lo que pudieron haber pensado o hecho los antiguos egipcios, cuando tracé por primera vez la base de la pirámide de Keops en un programa de arquitectura, observé que la curva de sombra del día 11 de octubre intercepta las esquinas de la cara Norte. Tracé el lado Norte convencido de que estaba orientado según los puntos cardinales Este-Oeste.

Amplifiqué la imagen hasta llegar al límite y entonces pude ver que la curva de sombra interceptaba la primera esquina pero no la segunda, sino que pasaba a 240 mm de distancia.

La base de la pirámide trazada según la curva de sombra no estaría entonces orientada según los puntos cardinales sino con una pequeña desviación.

La única solución que tenía era rotar la base y disminuir la altura de la pirámide buscando que las esquinas de la cara

Norte interceptaran la curva de sombra. Finalmente lo conseguí pero fue necesario rotar la base respecto a su eje central 3,5 minutos de grado lo cual es la declinación solar que tiene la curva de sombra del 11 de octubre, al pasar de una esquina a la otra, de la cara Norte.

Esta experiencia me resultó útil para visualizar como los antiguos egipcios determinaron la base de la pirámide en función de la altura y de la curva de sombra utilizada.

Continuando con el trazado, el centro de las caras Este y Oeste, para realizar el trazado era necesario que la elevación solar fuera igual a la pendiente de estas caras y tenía que estar en el plano Este-Oeste (azimut 90 y -90).

Probablemente el principal hallazgo de mi investigación es que la pendiente de las caras de las pirámides está determinada por la elevación solar máxima, la que depende a su vez de la latitud donde se encuentra la pirámide.

Es así que las pendientes de las pirámides al igual que la elevación solar es mayor cuanto más al sur se encuentran. Comienza en Abu Roash con 52 grados, sigue en Giza con 53 grados, continúa en Dashur con 54 grados, llegando en Meroe a 73 grados.

La pendiente de la pirámide de Kefren, es exactamente el ángulo de elevación solar correspondiente al Solsticio de Verano con azimut 90 y -90. Esta es la máxima pendiente de cara alcanzada en una pirámide y como vemos también era la máxima que se podía trazar.

Estas sombras también fueron utilizadas para trazar las aristas de la cara Sur como veremos. La pendiente de las pirámides siempre ha sido analizada desde el punto de vista constructivo, aquí un ejemplo más sobre la importancia del trazado en las decisiones tomadas.

El trazado de la cara Norte fue realizado utilizando la curva de sombra del día 8 de octubre. Esta curva de sombra intercepta las esquinas Norte del cuadrado de la base de la pirámide. Esto ocurre porque el piramidón fue girado para alinearlo a esa curva de sombra y todo el trazado de la cobertura se hizo con esa alineación.

La rotación de la base corresponde con la declinación solar que tiene la curva de sombra producida por el piramidón el 8 de octubre, entre las esquinas de la cara Norte.

El Autor

CAPÍTULO I

Evolución de las Pirámides

En el transcurso de la historia humana, diversas civilizaciones han construido pirámides, por motivos religiosos y funerarios.

Estas civilizaciones tenían en común el propósito de realizar edificaciones altas. Construyendo con bloques de piedra arribaron a soluciones arquitectónicas similares.

Si se parte de una base cuadrada y el objetivo es construir alto utilizando bloques de piedra, la única estructura estable posible es la pirámide. Fue necesario que el hombre desarrollara materiales como el acero y el cemento para edificar a gran altura con formas diferentes.

La Gran Pirámide es la pirámide más alta y mejor construida, en la que los requisitos constructivos se cumplieron con niveles de excelencia. A esta obra maestra se llega como resultado de una evolución constructiva que comienza con las mastabas y alcanza su máxima expresión en esta pirámide. Podemos afirmar sin lugar a dudas que quienes construyeron la Gran Pirámide, la aprendieron a construir en Egipto porque está claramente documentado en las pirámides construidas. Como frecuentemente se afirma, mientras la civilización egipcia construía las pirámides….las pirámides construían la civilización egipcia.

En esta evolución, se identifican cinco avances constructivos que marcan los progresos experimentados y que hicieron posible la realización de esta obra maestra.

- Primer avance   Mastaba
- Segundo avance   Pirámide Escalonada

- Tercer avance   Pirámide Lisa
- Cuarto avance   La Gran Pirámide

Figura 1: Evolución de las Pirámides (autor)

La Pirámide Escalonada

La tumba del faraón Zoser es la primera pirámide construida en el Antiguo Imperio Egipcio y marca el comienzo en la evolución de las tumbas reales, desde las mastabas a las grandes pirámides.

Las mastabas se construían durante las primeras dinastías, con ladrillos de adobe, estando el uso de la piedra limitado a sectores aislados de las edificaciones. En la pirámide escalonada la edificación se realizó íntegramente en piedra y es con esta edificación que se inicia el empleo de la piedra caliza a gran escala.

La construcción de esta pirámide, es adjudicada al sabio Imhotep, visir del faraón Zoser, considerado por Maneto como el inventor del arte de edificar en piedra (Lehner 1997:84). Las altura de la pirámide así obtenida es de 60 m,

Figura 2: El-Faraun Mastaba (Jon Bodsworth)

mientras que los lados de la base miden 121 x 109 m. (Edwards 993:37).

Agrimensura de la Pirámide Escalonada

Orientación de la Pirámide y Trazado de la Línea de Referencia:

La agrimensura de las pirámides escalonadas es acorde a los elementos imprecisos que utilizaron para trazarlas.

El trazado comenzaba marcando la "línea de referencia", porque a partir de ella se obtendrá el cuadrado de la base con sus ejes y de allí el resto de la estructura.

La línea de referencia es trazada en dirección de los puntos cardinales Norte-Sur o Este-Oeste. El método más aceptado por los especialistas para obtener la línea de referencia, consiste en determinar el Norte verdadero mediante la salida y puesta del sol u otra estrella, respecto al centro de un círculo desde el cual es observada. La bisección del arco formado en el círculo indica el Norte verdadero (Edwards 1993:251).

Figure 3: La Pirámide Escalónada de Zoser (autor)

Otro procedimiento sugerido consiste en marcar la sombra más corta que produce un gnomon (poste) en el transcurso de un día.

La palabra gnomon procede del griego y significa 'guía', se refiere a un objeto alargado, dispuesto verticalmente y que proyecta sombra. Dicha sombra corresponde al denominado mediodía solar y ocurre cuando el sol alcanzó la máxima elevación del día encontrándose en el punto cardinal Sur (azimut 180 grados) proyectando la sombra del poste en dirección Norte. Uniendo los puntos de sombra más corta obtenidos en el transcurso de varios días, en que la sombra se va desplazando, se tiene una línea orientada según la dirección Norte – Sur (Smith 2006:80).

Kate Spence propone que los antiguos egipcios utilizaron las estrellas, método conocido como "simultaneous transit" para alinear las pirámides según el Norte. Sostiene además que la desviación en la orientación de las pirámides de los puntos cardinales se explica por el fenómeno de precesión de la tierra, lo cual permite determinar la fecha en que fueron realizadas. En opinion de Glen Dash, Spence's simultaneous transit theory was brilliantly conceived. However, the available evidence, when viewed collectively, does not support it. (*).

Martin Isler propone que los egipcios utilizaron el sol para orientar las pirámides. Entiende que emplearon una técnica conocida como el "Método del Círculo Indio". (*)

Glen Dash realizó la demostración práctica de este método obteniendo en la alineación una desviación similar y aún menor que la alcanzada por los antiguos agrimensores

egipcios. (*)

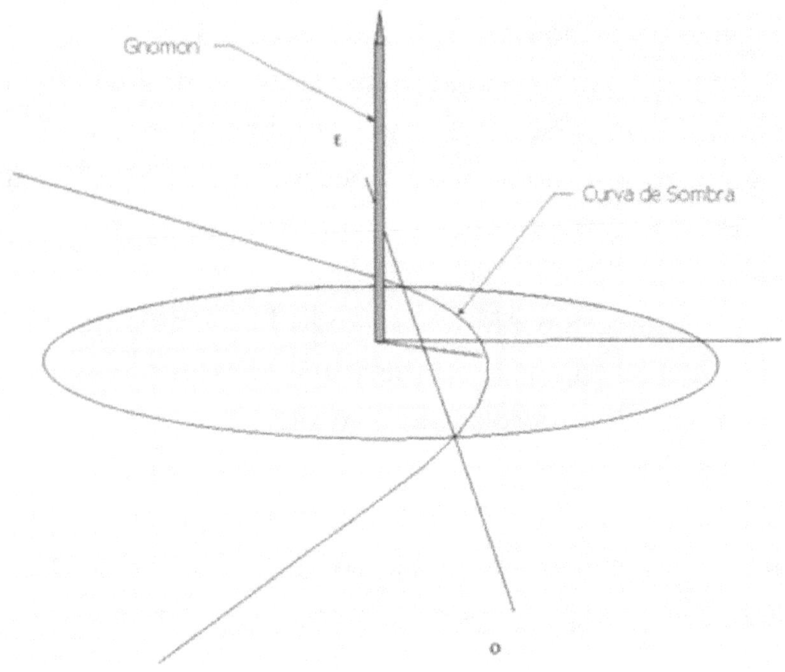

Figura 4: El Círculo Indio (autor)

El método del círculo indio consiste en colocar un gnomon vertical sobre una superficie nivelada en la que se trazará la curva de sombra producida por el gnomon durante el solsticio de verano. Luego se traza un círculo con centro en el gnomon y radio igual a la altura de éste. El círculo interceptará la curva de sombra en dos puntos A y B, luego se traza una recta que pase por esto puntos, obteniéndose así la línea de referencia. Esta línea quedará orientada según la trayectoria del sol en el intervalo en que se realiza el trazado. Si el trazado se realiza el día del solsticio de verano o próximo a este, el sol no tiene declinación y la línea de referencia quedará orientada en dirección Este - Oeste. Si el trazado se realiza cualquier otro día alejado de los solsticios, el recorrido del sol tendrá declinación y la línea de referencia quedará con una desviación respecto a los puntos cardinales que estará relacionada con la declinación solar. Si ese día del año el sol se está alejando del solsticio de verano la desviación de la línea de referencia será en sentido anti horario, mientras que si se está acercando será en sentido horario.

Esta técnica tiene una base lógica que deduciremos más adelante, durante el trazado de la Gran Pirámide.

Trazado del cuadrado de la base:

Una vez obtenida la línea de referencia, se traza a partir de ella sobre la superficie nivelada, el cuadrado de la base y sus respectivos ejes, para lo cual es necesario trazar líneas perpendiculares con precisión. El método más aceptado para trazar líneas perpendiculares consiste en el uso del triángulo 3, 4, 5 (Lehner 1997:213).

Utilizando un cordel de 12 unidades de largo, se sujeta el mismo a una estaca ubicada en el punto "a", midiendo 3 unidades sobre la línea base se obtiene el punto "c". El punto "d", se determina extendiendo el cordel 5 unidades y su ubicación queda perfectamente determinada al colocar el extremo del cordel en el punto "a". Uniendo el punto "a" con el "d" se obtiene la línea a-d, perpendicular a la línea base a-b. (ver Fig: 5)

Empleando el mismo procedimiento se traza la línea opuesta que completa el lado Norte de la base. Las longitudes se miden mediante una vara cuyo largo está establecido en codos reales.

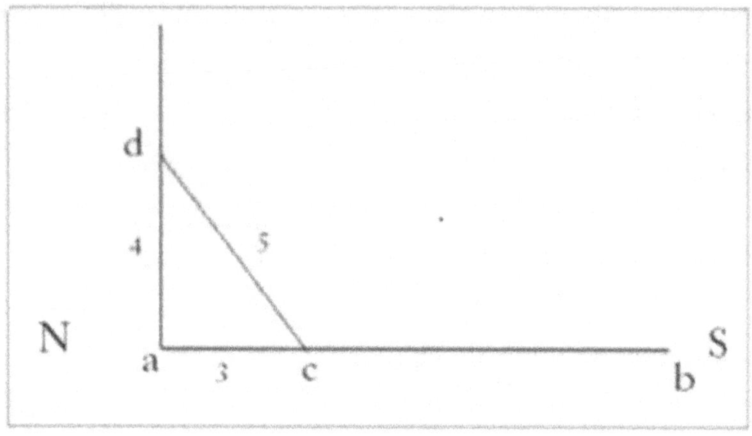

Figura 5: Trazando un ángulo recto (autor)

Una trazada la base cuadrada se está en condiciones de construir el primer escalón y los sucesivos, con sus correspondientes retiros, hasta llegar a la cima.

La Pirámide Lisa

Así como Imhotep, visir del faraón Zoser, fue el creador de la pirámide escalonada, el faraón Sneferu realizó los avances constructivos que hicieron posible la obtención de la pirámide de caras lisas a principios de la IV dinastía. Las pirámides eran símbolos del culto solar, identificadas con la perfección del dios Ra y con la piedra sagrada Ben - Ben. Según Edwards tanto las pirámides como el Ben - Ben representan los rayos solares, simbolizando así lo inmaterial que se materializa (Edwards 1993:281).

Sin perjuicio de las interpretaciones religiosas, en mi opinión esta transformación se produjo, en la búsqueda de una solución práctica para evitar la acumulación de arena sobre los escalones. Este defecto daba un aspecto antiestético y los alejaba de la perfección que querían conseguir en sus obras. La idea aparentemente sencilla de colocar una cobertura para alisar las caras, presentó ciertas dificultades para su concreción práctica.

A diferencia de las pirámides escalonadas en que los errores de medición podían ser absorbidos en cada escalón, en la pirámide lisa los errores no se podían ocultar, se acumulaban y eran claramente apreciables. La luz solar y las sombras proyectadas sobre las caras de la pirámide magnificaban estos defectos. Una de las obras del faraón Sneferu a comienzos de la IV dinastía, consistió justamente en transformar la pirámide escalonada de Meidum construida en la dinastía III por el faraón Huni en pirámide de caras lisas. El trazado consistió en demarcar toda la forma piramidal sobre la estructura escalonada. La demarcación se realizó mediante el empleo de cordeles sujetos a soportes que es el procedimiento usualmente utilizado en el replanteo de construcciones. Luego los bloques de la cobertura fueron colocados siguiendo la forma delimitada por los cordeles. La estructura escalonada existente permitió acceder a la cima desde donde se inicia el trazado ubicando el punto de cima.

Figura 6: La Pirámide de Meidum (Jon Bodsworth)

La cima se determina de manera que el trazado contenga la estructura escalonada y deje espacio para la colocación de la cobertura. Es desde el punto de cima que se comienza el trazado de la forma piramidal proyectándose las aristas hacia abajo hasta llegar a la base.

Frecuentemente se propone que la forma piramidal fue trazada de abajo hacia arriba, esto es desde el suelo hacia la cima. La primera dificultad consiste en la imposibilidad de trazar con precisión la base cuadrada alrededor de la pirámide escalonada. Al no poderse acceder a visualizar las esquinas opuestas de la base ni trazar sus diagonales el trazado sería extremadamente impreciso.

La cobertura estaba compuesta por los bloques del

revestimiento, tallados en fina piedra caliza y forma trapezoidal, sustentados entre sí por los denominados bloques de respaldo (ver Fig:7). El espacio comprendido entre los bloques de respaldo y el núcleo era completado utilizando los denominados bloques de relleno. Estos bloques al igual que el núcleo fueron tallados en piedra caliza pobre obtenida en las canteras locales (Arnold 1991:168).

"Esta separación entre la cobertura y el núcleo fue crucial en la construcción de pirámides y determinó, la estructura de estos edificios" (Arnold 1991: 159).

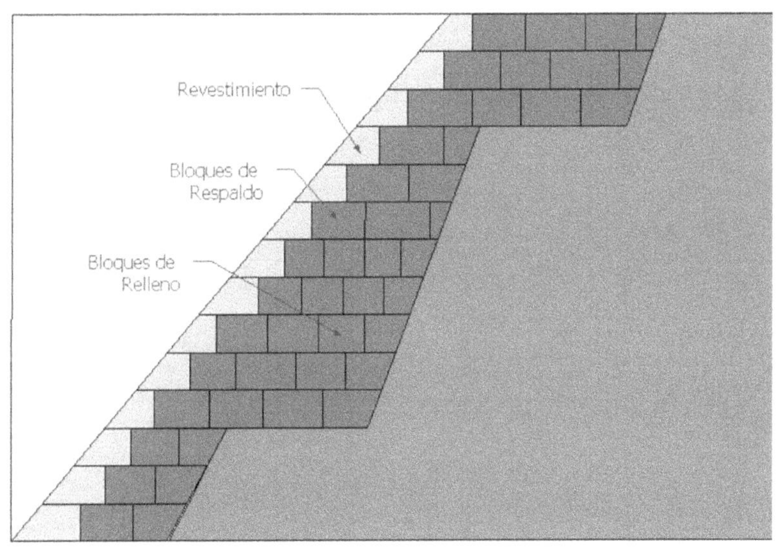

Figura 7: Estructura de la Cobertura (autor)

El colapso de la cobertura y parte del núcleo de la pirámide de Meidum, dejó a la vista el núcleo escalonado con forma de torre. La opinión predominante entre los egiptólogos es que la pirámide fue desmantelada y utilizada como cantera de piedras en tiempos posteriores al Antiguo Imperio. En estas actividades lo que se buscaba era extraer la fina piedra caliza blanca que no abunda en la zona y se encontraba en los sucesivos revestimientos de la pirámide.

Actualmente el aspecto de dicha pirámide es el de una gran torre de tres escalones, en medio de un montículo de escombros y arena

El faraón Sneferu construyó además dos pirámides en Dashur, la Pirámide Romboidal y la pirámide Roja.

Los progresos realizados por Sneferu en Dashur, produjeron avances notables en la forma de las tumbas reales así como en los procedimientos para obtener estructuras estables, que hicieron posible la construcción de pirámides lisas hasta alcanzar la máxima altura en la Gran Pirámide.

Figura 8: La Pirámide Roja (Jon Bodsworth)

Estructura del Núcleo en la Pirámides Lisas

El núcleo de las pirámides lisas, se encuentra oculto debajo de la cobertura que le dio la forma piramidal.

La dificultad para visualizar el núcleo ha dado lugar a diferentes interpretaciones respecto a cómo es la estructura (Arnold 1991:159). Inicialmente predominaba la opinión de que las pirámides lisas que se comenzaron a construir en la IV dinastía tenían un núcleo formado por acumulación de capas al igual que las pirámides de la III dinastía.

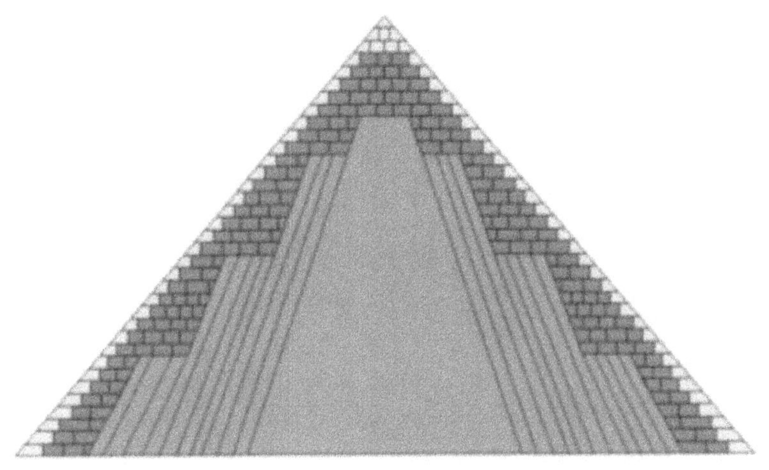

Figura 9: Esquema de la Pirámide de Meidum (autor)

Las exploraciones realizadas por Maragioglio y Rinaldi en Giza, demuestran que el núcleo de las pirámides de la IV dinastía está compuesta por hiladas de bloques horizontales. A estas conclusiones llegan luego de investigar los túneles efectuados por saqueadores, en los que se visualiza la disposición horizontal de los bloques

(Maragioglio and Rinaldi 1965:16) (Sampsell 2000).

Las pirámides escalonadas de la III dinastía fueron construidas con capas inclinadas y bloques pequeños, mientras que las posteriores, durante la IV y V dinastía se construyeron con hiladas de bloques horizontales de mayor tamaño (Isler 1926:121). Las evidencias arqueológicas disponibles indican que la forma del núcleo de las pirámides lisas es escalonado. La brecha abierta en la pirámide de Micerinos (IV dinastía) en el año 1215 por el Califa Malek, deja a la vista un núcleo escalonado sobre el cual fue colocada la cobertura que le da forma piramidal (Mendelssohn 1974: 115).

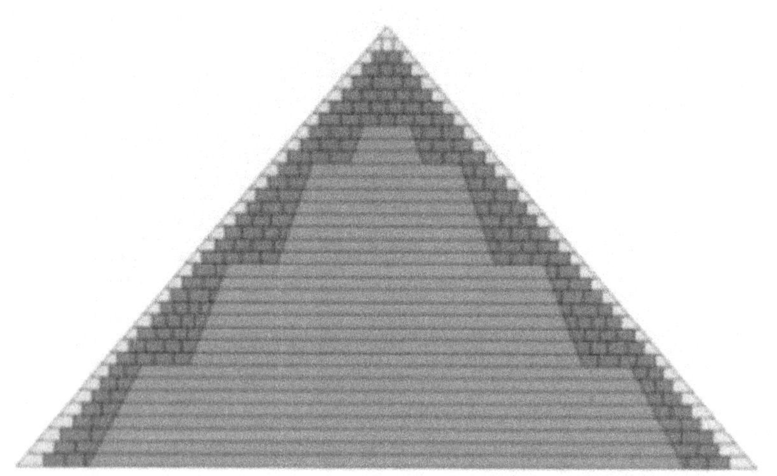

Figura 10: Esquema de la Pirámide Lisa (autor)

Martin Isler también hace referencia a esta evidencia, "la brecha abierta por los mamelucos en la cara Norte de la pirámide de Micerinos ha permitido a los investigadores identificar al menos tres grandes escalones en el interior de la estructura". Cuatro niveles de un núcleo central también pueden verse insinuados en la piedra de recubrimiento al observar la esquina noreste de la pirámide de Kefrén (Isler 1926: 192). En las pirámides satélites existentes en Giza, está a la vista el núcleo escalonado con que fueron construidas.

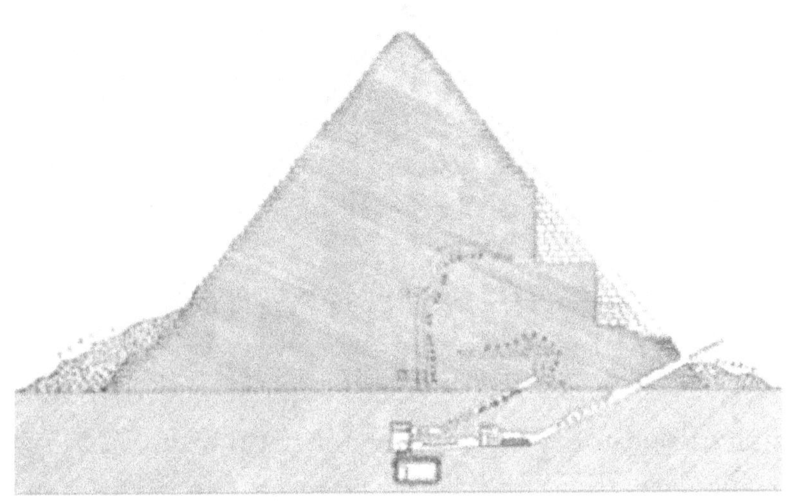

Figura 11: Vista en Corte de la Pirámide de Micerinos

Aún en estas pirámides de menor tamaño, en que la forma podía ser obtenida con mayor facilidad, se construía un núcleo escalonado sobre el cual era colocada la cobertura.

Según Dieter Arnold, debido a que todas las pirámides, antes y después de la IV dinastía fueron construidas con núcleo escalonado, es de suponer que las de la IV dinastía también lo tienen" si bien no ha sido suficientemente demostrado en todas ellas (Arnold 1991: 168).

Según Kurt Mendelssohn: El buen estado de conservación

de las pirámides de Dashur (IV dinastía) impide visualizar su núcleo al igual que en las pirámides de Keops y Kefren

Figura 12: Pirámides Satélites en Giza (Jon Bodsworth)

en Giza, "sin embargo, se puede estar seguro de que ellas también fueron diseñadas de la misma manera"….., según la evidencias arqueológicas presente en la brecha existente en la pirámide de Micerinos (Mendelssohn 1974: 115).

La estructura de la pirámide lisa está compuesta por un núcleo escalonado formado por hiladas horizontales, con bloques de piedra caliza pobre de gran tamaño en el sector bajo y que disminuyen con la altura. La cobertura está compuesta por bloques de relleno y de respaldo que dan una forma piramidal sobre la cual se apoyan los bloques de revestimiento, realizados en fina piedra caliza blanca.

Según Dieter Arnold: "No hay duda de que los bloques de revestimiento, los bloques de respaldo y los bloques de relleno fueron tratados como una unidad estructural que se construyó de forma simultánea (Arnold 1991:82).

La Gran Pirámide

Posteriormente a la concreción del avance constructivo de realizar pirámides de caras lisas alcanzado por Sneferu, el faraón Keops hizo edificar la Gran Pirámide. La realización de esta obra maestra, significó satisfacer con niveles de excelencia los requisitos constructivos, en el avance más notable realizado en la evolución de las pirámides.

En la construcción de la Gran Pirámide se cumplieron dos requisitos constructivos básicos:

Figura 13: La Gran Pirámide (Jon Bodsworth)

Requisitos Constructivos

1) Construir la Pirámide más alta. El objetivo de los constructores de edificar pirámides lo más altas posible, está claramente documentado en la evolución de las pirámides.

En esta evolución constructiva la pirámide más alta es la del faraón Keops con sus aproximadamente 146 metros de altura. A esta pirámide se la despojó de su revestimiento y las últimas 10 hiladas de bloques por lo cual la altura original no es conocida con precisión.

2) Obtener perfección en la forma: El requisito de obtener perfección en la forma piramidal era tan relevante como el de la altura a juzgar por los niveles de excelencia con que fueron satisfechos.

En 1883, Flinders Petrie dio a conocer en su libro "The Pyramids and Temples of Gizeh", los resultados de la medición de las pirámides de Giza. Dichos resultados fueron confirmados con algunas pequeñas diferencias por mediciones posteriores, realizadas por J.H.Cole (a surveyor with the Egyptian Ministry Finance) en 1925. Estas diferencias se deben básicamente a que mientras Petrie utilizó un punto como referencia en cada lado de la pirámide Cole utilizó dos.

En ese libro se da cuenta de la asombrosa precisión alcanzada en el trazado de la Gran Pirámide. Las mediciones de Petrie nos proporcionan las dimensiones de la base así como su orientación. También nos deja algunas interrogantes sin respuestas:

¿Por qué trazaron la Gran Pirámide con tanta precisión y cómo lo hicieron? ¿Cuál era la altura original de la Gran Pirámide? ¿Hay alguna relación entre la altura de la pirámide y su base?

La precisión alcanzada en el trazado de la base de la Gran Pirámide puede ser resumida en esta frase de Petrie: " El error medio de la base de la Gran Pirámide es aproximadamente 0,6 pulgadas (15 mm).

El largo promedio de cada lado del cuadrado de la base es 230,347 metros. La base se encuentra rotada en sentido anti horario aproximadamente 3,5 minutos de arco respecto a los puntos cardinales, pudiendo llegar según algunas mediciones a 5 minutos de arco. Esta desviación es algo menos de 0,1 grado. Sabemos que el ojo humano puede llegar a apreciar una desviación de 1 grado. La rotación de la base ha sido considerada tradicionalmente el principal error de los agrimensores egipcios. Se supone que su intención era orientar la pirámide según los puntos cardinales y lo pudieron hacer con ese pequeño error.

La pirámide de Kefren presenta un trazado asombroso también pero algo menos preciso que Petrie lo resume así: "el error medio de la base de la pirámide es aproximadamente 1,5 pulgadas (38mm).

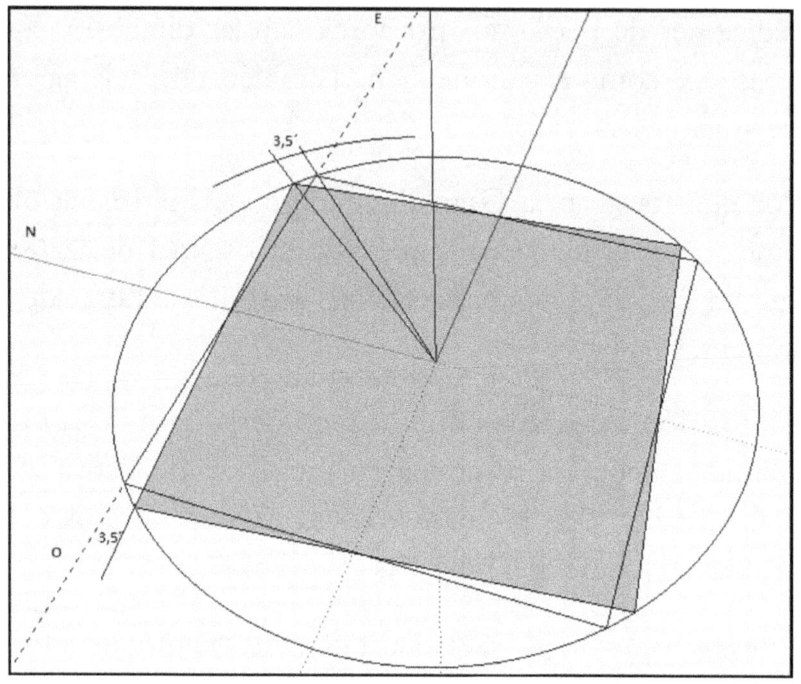

Figura 14: Base rotada de la Gran Pirámide (autor)

El largo promedio de cada lado del cuadrado de la base es 215,262 metros.

Curiosamente el cuadrado de la base en esta pirámide también está rotado en sentido anti horario un ángulo de entre 5 y 6 minutos de arco. El considerado error de orientación que los antiguos agrimensores cometieron en la pirámide de Kefren es prácticamente el mismo que se observa en la pirámide de Keops.

¿Es este un error o existió alguna razón para orientar estas grandes pirámides de esa manera?

Finalmente la medición de la pirámide de Micerinos dio los

siguientes resultados: el error promedio de la base es de 3 pulgadas (76 mm).

Como se observa en estos resultados la precisión de las pirámides lisas aumenta con el tamaño.

Keops   lado = 230,3 metros   error medio = 15 mm

Khafre   lado = 215,2 metros   error medio = 38 mm

Micerinos lado = 105,5 metros   error medio = 76 mm

Kefren tiene el doble de longitud de lado que Micerinos y el error medio se redujo a la mitad. En Keops el error medio también se reduce a la mitad que en Kefren mientras que la longitud del lado es ligeramente superior. Analizaremos este punto con más detalle durante el trazado de la pirámide de Keops.

Los resultados obtenidos es motivo de asombro para los agrimensores modernos. Los antiguos agrimensores eran conscientes de la perfección que habían alcanzado, pero no disponían de instrumentos para realizar semejante medición.

Precisión o Perfección

Antes de incursionar en el trazado de la Gran Pirámide, vamos a analizar por qué el trazado debía ser tan perfecto.

Desde la pirámide de Meidum hasta la Gran Pirámide, los

agrimensores egipcios adquirieron experiencia y oficio que garantizaba la realización del trazado con perfección.

Figura 15: Bloque del Revestimiento (autor)

En principio tenemos que colocarnos en el contexto de la época, los antiguos egipcios utilizaban elementos de medición imprecisos. Por lo tanto ellos nunca pudieron saber la diferencia promedio que existe entre los lados de la base de la Gran Pirámide. Este error es muy pequeño y fue medido por Flinders Petrie a principios del siglo XIX utilizando instrumentos con apreciación óptica.

El faraón exigía perfección y no una precisión que no podría medir. Quería una pirámide de caras lisas en la que no se observaran defectos, eso era lo que él al igual que cualquier observador podía apreciar y juzgar. A diferencia de las pirámides escalonadas en que los errores son absorbidos en cada escalón, en las pirámides de caras lisas los errores se acumulan y visualizan con claridad.

Ejemplo de esa perfección que exigía el faraón es el revestimiento colocado en la Gran Pirámide del cual subsisten aún algunos bloques. Las mediciones realizadas por Petrie reportan gran precisión en los bloques que se conservan en la cara norte de la pirámide (1). El error entre caras horizontales no supera los 0,2mm en cada metro de longitud. El objetivo aquí es la búsqueda de la perfección en la juntura de los bloques.

La "medición" entre las caras de los bloques habría requerido el uso de un instrumento de precisión........ que no tenían. Ocurre que nunca lo midieron con exactitud. Simplemente determinaron una altura con la precisión que les permitía su vara de medir y luego la transportaron. El instrumento tradicionalmente utilizado para comparar medidas o transportarlas es el compás de cantero. Consiste en dos patas de metal curvas unidas por una articulación. Este es un instrumento muy simple y antiguo, el cual es utilizado para transportar medidas con precisión de décimas de milímetro. Entonces podían transportar la medida con precisión de décimas de milímetros, las veces que fuera necesario pero no sabían cuanto medía en décimas de milímetro. Lo mismo ocurrió con el trazado de las pirámides lisas, sabían que el trazado tenía gran perfección pero no podían medirlo.

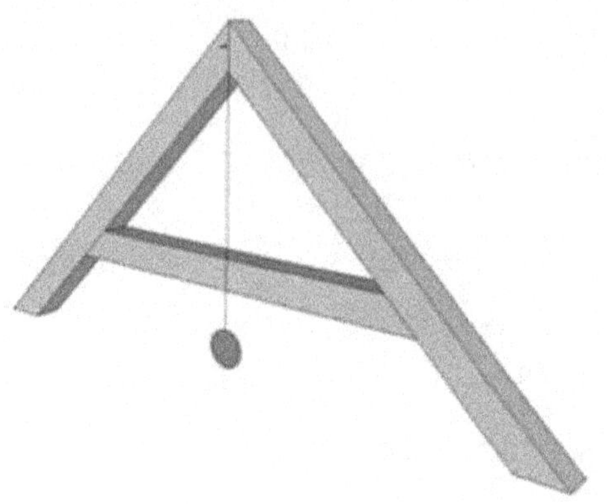

Figura 16: La Escuadra Niveladora (autor)

Trabajos de Nivelación

La ejecución de una obra civil comienza con los trabajos de agrimensura. Durante la agrimensura se realiza el replanteo de la obra que consiste en el trazado sobre el terreno de la planta de la edificación que se va a construir. El replanteo de la obra requiere que se nivele el terreno sobre el cual se realizará el trazado. Los antiguos egipcios disponían de un instrumento para controlar niveles llamado la escuadra niveladora y también pudieron recurrir a la canalización del agua para obtener un nivel horizontal preciso.

La superficie a nivelar era 5,23 hectáreas que es la superficie que ocupa la base de la Gran Pirámide. Sin embargo de esta superficie solo se niveló el perímetro en el que se encuentra trazado el cuadrado de la base de la pirámide, la calzada y alrededores.

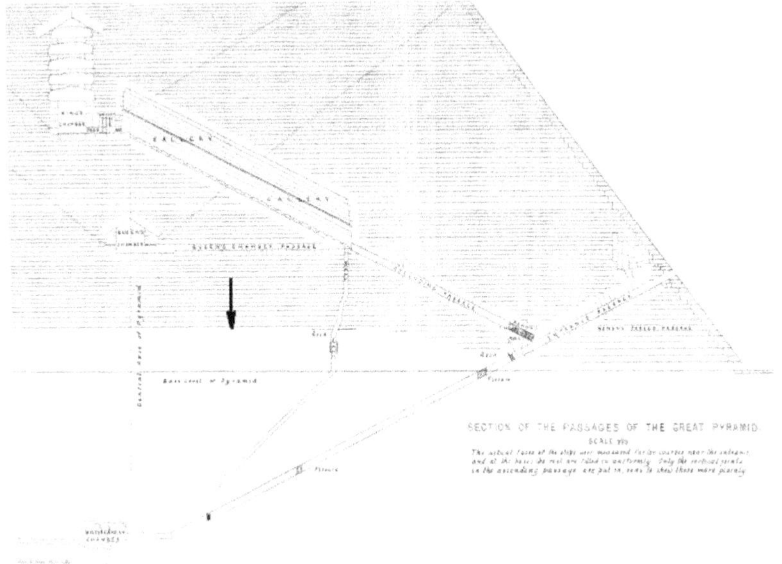

Figura 17: Vista en corte de la Gran Pirámide (Petrie)

Existe un montículo en la base de la pirámide de unos 15 metros de altura sobre el cual se edificó la pirámide. Este montículo forma parte de la meseta misma y es visible desde el conducto que se excavó dentro de la pirámide y que conecta la entrada de la Gran Galería con el corredor descendente ..

Como vimos anteriormente, el trazado del cuadrado de la base de la pirámide se realizó con asombrosa exactitud y precisión. Si este trazado se hubiera hecho midiendo sobre el terreno, entonces éste habría sido nivelado para poder trazar las diagonales del cuadrado.

Las diagonales eran imprescindibles tanto para trazar el cuadrado como para chequear su exactitud. La existencia de ese montículo indica que el trazado de la base de la pirámide fue realizado alrededor del mismo y sin poder recurrir al trazado de las diagonales. Además se suma la imposibilidad de trazar esta base de grandes proporciones con la exactitud con que lo hicieron, sin disponer de instrumentos precisos.

Esta es una razón más para pensar que no midieron directamente sobre el terreno sino que utilizaron una técnica diferente que les permitió trazar la base con precisión.

Figura 18: Base de la Pirámide de Kefren (autor)

En la base de la segunda gran pirámide, la pirámide de Kefren, ocurre lo mismo, el terreno no fue nivelado y un sector de la misma meseta forma parte de la pirámide. Este montículo es claramente visible desde el exterior al haberse retirado el revestimiento que lo ocultaba.

Obsérvese el nivel original de la meseta en el sector izquierdo. El espacio entre este sector y la pirámide fue excavado y quedaron vestigios del trabajo de cantera realizado en el lugar donde se extrajeron bloques. A la derecha en el sector bajo de la pirámide se observa como continúa la meseta que fue excavada en forma de escalones para sostener la cobertura. Por otra parte, los antiguos egipcios, aún cuando disponían de la fuerza laboral de todo un imperio, no trabajaban innecesariamente.

Figura 19: Montículo en la base (autor)

Se ahorraron el trabajo de nivelar el terreno y el de cortar, transportar y colocar los bloques equivalentes a ese montículo. También ganaron con la existencia de un sector central de gran estabilidad estructural.

Las pirámides más grandes son las más precisas en su trazado, por la misma razón que los relojes solares más grandes son los más precisos.

Daniel Gerardo Di Matteo

CAPÍTULO II

42

Etapas de Construcción

Al igual que toda obra civil la construcción de las grandes pirámides de Giza requirió resolver su agrimensura primero antes de avanzar en la construcción. Siendo improbable construir cualquier edificación sin resolver su agrimensura primero, menos probable lo es aún en el caso de una pirámide lisa. Porque el trazado de una pirámide lisa determina las etapas de construcción de la misma.

El trazado de una pirámide lisa es diferente al de cualquier otra edificación, justamente por su forma piramidal. En un edificio por ejemplo, se traza la planta sobre el terreno nivelado, esto es la base del edificio. Luego las aristas del edificio son verticales y se trazan a medida que se construye, utilizando por ejemplo una simple plomada.

En la Gran Pirámide tanto el trazado como la edificación se hicieron de manera diferente. La superficie del terreno debajo de la pirámide no fue nivelado, lo que indica que tampoco trazaron el cuadrado de la base, al no tenerse acceso a trazar las diagonales y a ver desde una esquina a la opuesta, como explicamos anteriormente.

En el trazado de una pirámide lisa las aristas tenían que ser rectas y debían encontrarse en el punto de cima a 146 metros de altura (es la altura de un edificio de 48 pisos).

El trazado de las aristas no pudo realizarse a medida que avanzaba la construcción porque nuevamente requeriría el uso de instrumentos precisos y los conocimientos de agrimensura necesarios para hacerlo.

"Cuidadosa agrimensura durante la construcción era esencial, de lo contrario, podría producirse un desvío y las aristas no se reunirían en la cima" (Hawass, 1).

El trazado de la forma piramidal a medida que se construye la pirámide, habría producido una acumulación de errores los cuales impedirían que las cuatro caras triangulares se encontraran en el punto de cima. Agregamos que una vez producidos estos errores inevitables, no era posible corregirlos, ya que se visualizarían cuando la construcción estaba avanzada, próxima a la cima.

En Meidum la cobertura fue colocada sobre un núcleo muy impreciso. Todo indica que existió un nuevo trazado luego de la construcción del núcleo, antes de colocar la cobertura. Algo similar puede observarse en la pirámide de Keops en que el núcleo aparece algo desviado respecto a la forma final de la cobertura. Las hiladas no son perfectamente horizontales como deberían ser si se trazara la forma piramidal a partir de ellas. (Isler 1926: 210).

A diferencia de la pirámide escalonada en que los errores pueden ser absorbidos en cada escalón, en la pirámide lisas, las aristas tenían que ser rectas y debían encontrarse en la cima. Cualquier desviación o curvatura en una arista sería claramente visible. Para una pirámide del tamaño de la de Keops, una desviación de 2 grados en la base se transforma en 15 metros en la cima, con lo cual las aristas no se encontrarían en el punto de cima. El trazado de la forma piramidal sin disponer del punto de cima, requeriría el empleo de instrumentos de precisión que los antiguos egipcios ciertamente no conocían. Es necesario edificar primero el núcleo escalonado para determinar la ubicación del punto de cima, imprescindible para trazar desde ahí la forma piramidal (Mendelssohn 1974:116).

La precisión de las pirámides lisas se encuentra en la cobertura, la cual fue colocada sobre un núcleo escalonado impreciso que se construyó primero. Esto es lo lógico y lo usual en toda construcción, la terminación se obtiene al colocar la cobertura sobre una estructura que se hace primero.

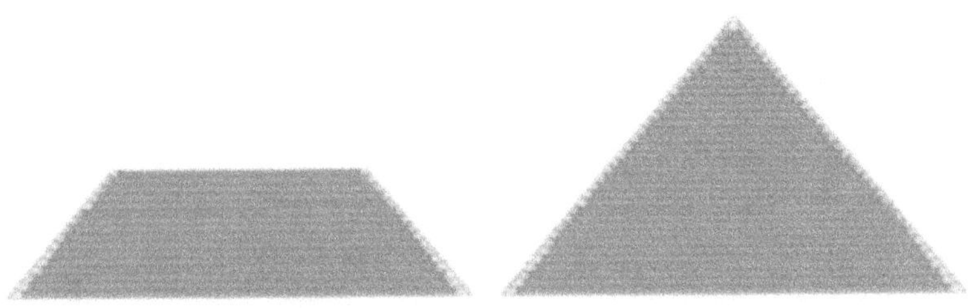

Figura 20: Construcción en "Una Etapa" (autor)

La manera tradicionalmente aceptada de trazar la pirámide, de abajo hacia arriba, o desde el suelo, es un falso paradigma que hemos incorporado y es el origen de gran parte de las confusiones. Esto conduce a un escenario falso en que es posible construir la pirámide en una única etapa, todo de una vez.

En la búsqueda por resolver la elevación de bloques y hacer una rampa más eficiente que la propuesta inicialmente por Ludwig Borchardt, los investigadores avanzan por el camino equivocado, que los antiguos egipcios nunca recorrieron y que no conduce a la Gran Pirámide. Se origina así un laberinto de teorías que intentan resolver problemas inéditos, que los antiguos egipcios no comprenderían y del cual solo es posible salir trazando la pirámide como lo hicieron los antiguos egipcios.

El escenario de los agrimensores egipcios y del faraón Sneferu en particular fue otro muy distinto. Él simplemente se planteó como transformar la pirámide escalonada de Meidum en pirámide de caras lisas. Se trataba entonces de trazar la forma piramidal sobre una pirámide escalonada ya existente. La forma piramidal era trazada desde el punto de cima, hacia abajo. Este es un problema completamente diferente a trazar la pirámide desde el suelo y es el que resolvieron los antiguos egipcios.

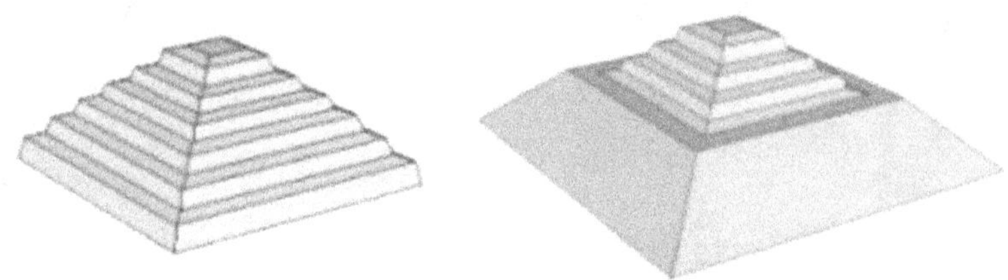

Figura 21: Etapas de Construcción (autor)

La existencia del núcleo escalonado en el interior de las pirámides lisas, como vimos en el capítulo anterior, confirma que siempre hicieron lo mismo, comenzaban construyendo el núcleo escalonado sobre el cual trazaban la forma piramidal.

El trazar la Gran Pirámide de abajo hacia arriba mientras se construía la pirámide, así como construir la pirámide en una sola etapa, era un problema sin solución para la época y que no estaba en la posibilidad de los antiguos egipcios resolverlo.

Si estaba en sus posibilidades trazar la forma piramidal desde el punto de cima y sobre el núcleo escalonado ya construido como veremos luego.

Construcción del Núcleo Escalonado

La construcción de toda pirámide lisa comenzaba con el trazado y construcción de un núcleo escalonado impreciso. El núcleo representaba la mayor parte del volumen de la pirámide y su construcción se realizaba con rampas rectas de amplia calzada en el sector bajo y medio así como rampas apoyadas sobre los escalones del núcleo, en el sector alto. En el sector bajo se utilizaron múltiples rampas rectas, ya que en las primeras hiladas, las rampas eran simples terraplenes de amplia calzada. En el sector bajo es donde se encuentra el mayor volumen de la pirámide y donde la cantidad de obreros es mayor.

A mediana altura y hasta los 70 metros llegaba la rampa procedente de la cantera. A esta altura (70 metros) se colocaron grandes bloques de granito como los existentes en el techo de la Cámara Superior (60 toneladas). Estas rampas llegaban desde la cantera hasta la esquina O-S del núcleo escalonado. Luego la rampa continuaba apoyada sobre el núcleo escalonado hasta llegar a los 70 metros de altura.

Vestigios de rampas de esta altura fueron reportados por

Borchardt en 1920 en la pirámide de Meidum. Basándose en estos descubrimientos propuso el uso de rampas rectas de grandes proporciones para construir las pirámides lisas. Esta fue una primera propuesta para la construcción de la Gran Pirámide y originó muchas objeciones y gran cantidad de teorías proponiendo diferentes formas de rampas. Esto es debido a que la Gran Pirámide duplica la altura de la pirámide de Meidum. El volumen de material a acumular en la rampa aumenta exponencialmente con la altura y en la Gran Pirámide superaría el de la propia pirámide.

Mark Lehner sostiene que la rampa recta no pudo llegar desde la cantera hasta la cima de la pirámide porque hubiera tenido una pendiente muy empinada.

Según Hawass, Lehner localizó la cantera en el lado sur de la pirámide de Keops. Esa es la única dirección que pudo contener la rampa. En las direcciones Este y Oeste hay tumbas del reinado de Keops, mientras que en el Norte no hay vestigios de canteras y la pirámide está próxima al borde de la meseta (Hawass).

La rampa comenzó en la boca de la cantera y se extendió unos 320 m hasta la esquina Sur - Oeste de la pirámide, alcanzando un aumento total de altura de 37 m con un pendiente de unos 6 grados 36 minutos. Es de referencia que una rampa de similares dimensiones es descripta en el papiro de Anastasi (finales del Nuevo Imperio).

Descubrimientos recientes reportados por Zahi Hawass, confirman la existencia de vestigios de esta rampa recta que llegaba, desde la cantera ubicada en el Sur de la meseta de

Giza hasta la esquina Sur – Oeste de la pirámide.

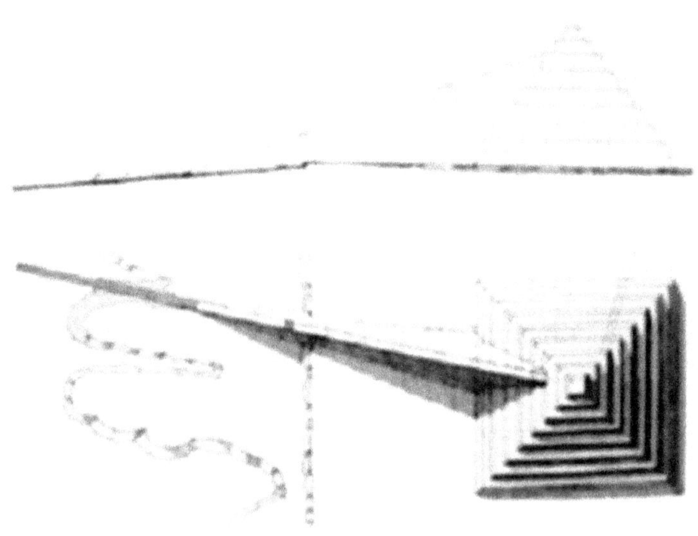

Figura 22: Rampa Pirámide de Meidum (Borchardt)

Durante la construcción del sector bajo y medio del núcleo, fue necesario movilizar importante cantidades de bloques de gran tamaño. Se disponía de espacios amplios para realizar las maniobras de desplazar y ubicar en sitio estos bloques donde participaron importantes cantidades de obreros. Estos bloques de gran tamaño fueron empleados para dar consistencia y estabilidad a la estructura.

Considerando el trazado de la rampa y la existencia de bloques de gran porte (60 toneladas) en el techo de la Cámara del Rey a 68 metros de altura, la rampa debió continuar apoyada sobre los escalones del núcleo en la cara Oeste y Norte, hasta alcanzar esa altura. Las losas de granito de la Cámara del Rey procedían de la lejana cantera de Assuán y eran traídos mediante barcos hasta el puerto existente en Giza. Una rampa accesoria conectaba el puerto con la rampa principal procedente de la cantera, por la cual fueron elevadas estas losas hasta su posición final.

Superada la altura en que se encuentran los grandes bloques del techo de la Cámara del Rey, (68 m) la construcción de la estructura se continuó conforme al método tradicional, utilizando rampas apoyadas sobre los escalones del núcleo.

El sector bajo y medio es donde se concentra la mayor parte del volumen del núcleo y los bloques de mayor tamaño que requerían cuadrillas numerosas.

El tamaño de los bloques del núcleo disminuye con la altura, evidencia de que la dificultad de subirlos aumentaba con la altura, al disminuir el espacio existente en las rampas y sobre la estructura.

Durante los meses de inundaciones llegaban la mayor cantidad de hombres y las rampas tenían que ser espaciosas para permitir el trabajo de gran cantidad de cuadrillas.

Una confusión frecuente consiste en afirmar que si hay 2.300.000 bloques en la Gran Pirámide y se construyó en 20 años trabajando un promedio de 10 horas al día, entonces se requirió colocar un bloque cada 2 minutos, lo cual se considera imposible.

Figura 23: Marca dejada por la rampa sobre la pirámide de Meidum (Jon Bodsworth)

Es imposible si trabajaba una cuadrilla sola.... pero trabajaban centenas de cuadrillas y aumentaban durante las inundaciones. Para 300 cuadrillas dedicadas al trabajo de subir los bloques hasta la hilada en construcción, cada cuadrilla disponía en promedio de 10 horas (2 minutos x 300 cuadrillas) para colocar cada bloque. Otra confusión consiste en suponer que la Gran Pirámide se construyó de manera diferente al resto de las pirámides lisas. El incremento de altura de la Gran Pirámide no implicó modificar las técnicas de construcción utilizadas hasta el momento. La rampa en espiral apoyada sobre los escalones permitió edificar ese núcleo escalonado sin inconveniente. Una vez terminado el núcleo se despejaba de rampas que interfirieran, realizando el trazado de la forma piramidal, marcándola mediante cordeles sujetos a soportes.

Procedimiento de Trazado de la Forma Piramidal

Trazado de las Caras Este y Oeste

El trazado de la forma de las pirámides de caras lisas (al igual que en la pirámide de Meidum, a la que tomamos como ejemplo y evidencia), se realizó sobre el núcleo escalonado ya construido. Una vez colocado el piramidón en la cima del núcleo escalonado quedó definido el punto de cima. La forma de la pirámide era trazada utilizando la sombra proyectada por el piramidón. La primera condición que debe cumplirse para trazar la forma piramidal es que el sol alcance la elevación necesaria para trazar la pendiente de la pirámide.

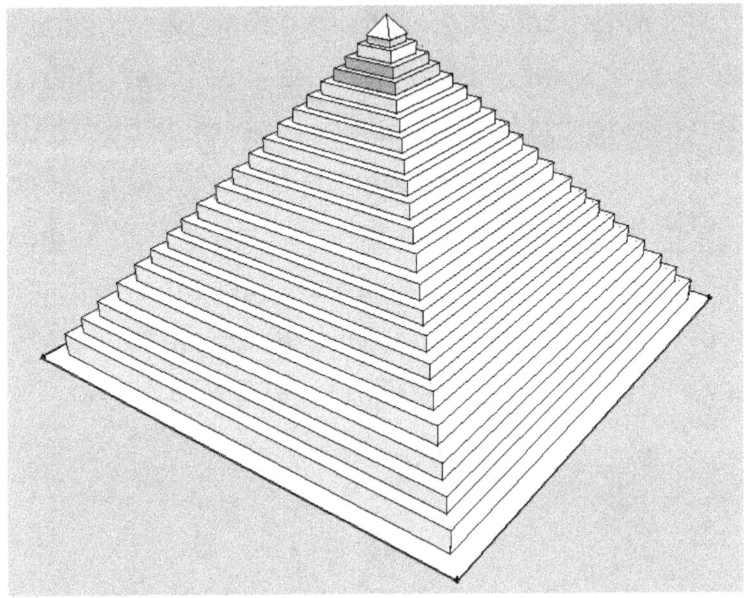

Figura 24: Núcleo Escalonado y Piramidón

Las pirámides egipcias tienen una inclinación de caras que oscila entre 51 y 56 grados. Hay excepciones que corresponden a las primeras experiencias realizadas por el faraón Sgnefru en Dashur, la pirámide Roja y la parte alta de la pirámide Romboidal con 43 grados. Las pirámides Nubias por su parte alcanzan una pendiente de caras de 73 grados.

Una vez superadas las dificultades estructurales, las pirámides egipcias se construyeron con la máxima pendiente que podían trazar, la cual depende de la elevación solar y está limitada por esta. El objetivo era construir pirámides lo más altas y con la mayor pendiente posible.

La posición del sol en el cielo se define por dos ángulos, la elevación solar y el azimut. La elevación solar es el ángulo que forma la dirección del sol con la horizontal. El azimut es el ángulo que forma la dirección del sol con el Norte, medido en sentido de rotación de las agujas del reloj alrededor del horizonte del observador. Por ejemplo: Azimut 90 grados es cuando el sol está en el Este y 270 grados cuando está en el Oeste.

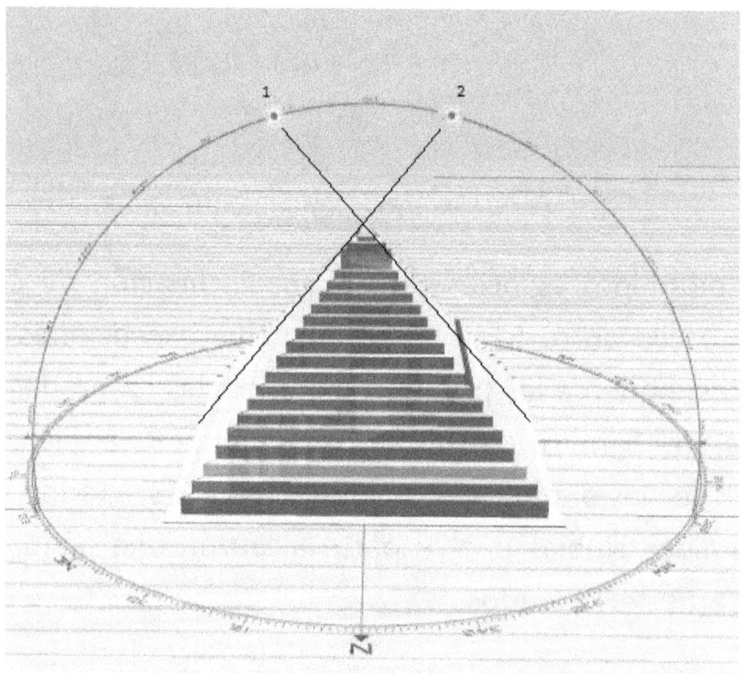

Figura 25: Posición del sol durante el trazado de caras Este y Oeste

Las caras Este y Oeste de cada pirámide fueron trazadas con una pendiente que es igual a la máxima elevación solar de esa latitud para Azimut 90 y 270 grados.

Por ejemplo, la cara Oeste de la pirámide del faraón Kefren se trazó el día del solsticio de verano en que el sol alcanza la máxima elevación en el año para Azimut 90 grados.

En la mañana del día 21 de junio, el sol asciende hasta alcanzar el punto 1. La cara Oeste es iluminada cuando la elevación solar alcanza la pendiente de la pirámide 53,16 grados. En horas de la tarde ocurre lo mismo en la cara Este, al llegar el sol al punto 2 (ver figura 25).

La pendiente de la pirámide es igual a la elevación solar máxima para Azimut 90 grados que corresponde al día 21 de junio, solsticio de verano.

Como puede observarse en la siguiente figura y tabla, lo mismo ocurre en mayor o menor grado en todas en todas las pirámides.

Al analizar la tabla 1, hay que tener presente las tolerancias de los trazados antiguos, así como de las mediciones modernas y que las pendientes son reconstrucciones. Además, el Azimut no va a ser exactamente 90 grados como veremos luego.

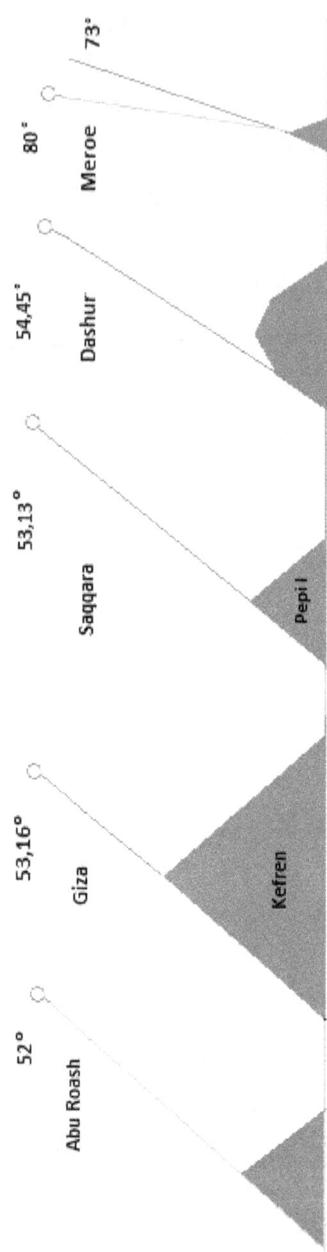

Figura 26: pendiente de las pirámides y elevación solar según la latitud

Pirámide	Dinastía	Región	Latitud	Longitud	Pendiente de la Pirámide	Elevación Solar Máxima (Azimut 90°)
Djedefre		Abu Roash	30,032222°	31,074722°	52	52,66
Khufu	IV	Giza	29,979166°	31,134166°	51,84	52,71
Khafre	IV	Giza	29,976111°	31,130833°	53,16	52,93
Menkaure	IV	Giza	29,972500°	31,128333°	51,34	52,92
Niuserre	VI	Abusir	29,895555°	31,206611°	51,84	52,99
Sahure	V	Abusir	29,897777°	31,203333°	50,19	52,99
Teti	VI	Saqqara	29,857277°	31,221666°	53,13	53,22
Userkaf	V	Saqqara	29,873611°	31,218888°	53,13	53
Unas	V	Saqqara	29,868333°	31,214722°	56,3	53
Pepi I	VI	S.Saqqara	29,854444°	31,218888°	53,13	53
Merenre	VI	S.Saqqara	29,850555°	31,215000°	53,13	53,21
Djedkare-Isesi	VI	S.Saqqara	29,851111°	31,220833°	52	53
Pepi II	VI	S.Saqqara	29,840277°	31,213333°	52,13	53,21
Shepseskaf	III	S.Saqqara	29,866000°	31,213000°	50,36	53
Senwosret III	XII	Dahshur	29,818888°	31,225555°	56,31	53,22
Roja	IV	Dahshur	29,808333°	31,205833°	43,36	53,21
Romboidal	IV	Dahshur	29,790277°	31,209166°	54,46	53,43
		Dahshur			43,36	
Meidum	IV	Dahshur	29,388055°	31,156944°	51,84	54,25
Amenemhet I	12	Lisht	29,5749	31,2253	54,46	53,88
Meore		Meroe	16,938333	33,749166	73	80

Tabla 27: Pendiente de cada pirámide y elevación solar máxima   (Azimut 90)

Es relevante observar que la elevación solar es mayor en las latitudes que se encuentra más al sur. Lo mismo ocurre con la pendiente de las pirámides. Comienza en Abu Roash con 52 grados, sigue en Giza con 53 grados, continúa en Dashur con 54 grados, llegando en Meroe a 73 grados. En las pirámides Nubias de Meroe, la pendiente de 73 grados es menor que la máxima elevación solar que es 80 grados, porque estaban limitados por razones estructurales.

Esta evidencia confirma que se utilizó el sol para trazar las pirámides y nos permite revisar la pendiente original de algunas pirámides que están muy deterioradas, e incluso determinar la pendiente de otras que fueron destruidas.

Detalles del Trazado

Continuando con el trazado, la forma de la pirámide era trazada utilizando la sombra proyectada por el piramidón. La forma de la pirámide así obtenida es equivalente a la forma del piramidón, porque tendrá sus mismos ángulos y sus dimensiones serán proporcionales (Teorema de Tales).

La base del piramidón era nivelada utilizando una escuadra niveladora y luego se alineaba en la dirección de la curva de sombra, que es ligeramente diferente a la orientación según los puntos cardinales como analizaremos luego.

Figura 28: Reconstrucción de Piramidón

La sombra proyectada por el piramidón permite ubicar la posición de cada una de las caras de la cobertura de la pirámide, mediante el trazado de sus aristas y apotemas utilizando marcadores.

Como ejemplo, en la figura 29 se ilustra como posicionar los marcadores en el centro de la cara Este (apotema) del núcleo escalonado, indicando la posición que ocupará la cobertura.

Cada marcador es una pequeña pantalla hecha en madera fina pintada de blanco que recibe la sombra y la proyectan al siguiente marcador. El proceso de trazar el centro de la cara Oeste (la apotema), comienza tendiendo un cordel desde el piramidón hasta la base de la pirámide. Este cordel es orientado desde la cima a ojo desnudo (+-1 grado).

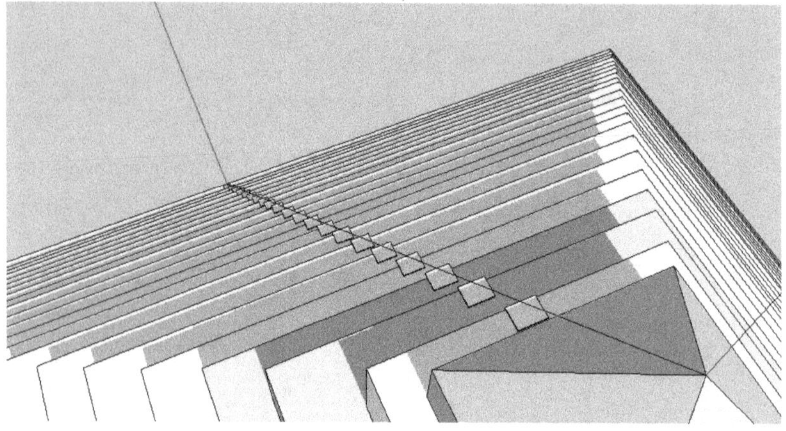

Figura 29: Trazado de una apotema

El cordel se apoya sobre los marcadores y es tensado para que el peso del cordel incida lo menos posible en la rectitud de la apotema. Los marcadores se colocan equidistantes, apoyándolos y nivelándolos sobre los escalones del núcleo. Los marcadores sobresalen del escalón hasta tocar el cordel que indicará la posición de la cobertura. Luego se ajustará la posición de los marcadores y por consiguiente del cordel, utilizando la sombra proyectada.

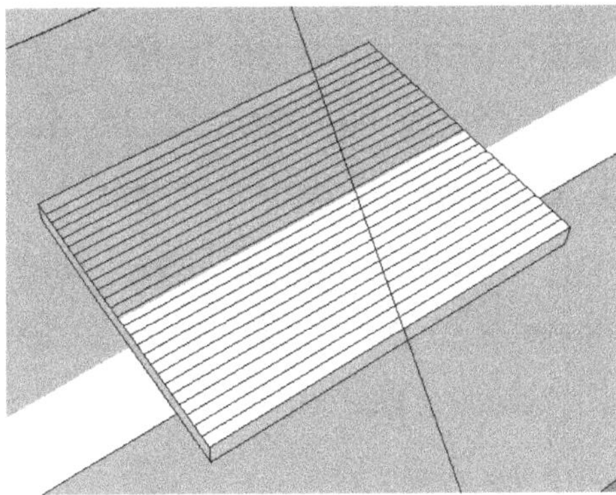

Figura 30: Evolución de la sombra sobre un marcador

La ubicación de los primeros marcadores se determina midiendo y proyectando la cara del piramidón mediante una regla. De esta manera se ubica el borde de cada marcador en el mismo plano de la cara del piramidón, que será la cara de la cobertura a trazar.

El conjunto del piramidón y los primeros marcadores que son ubicados mediante medición, forman una pirámide modelo a escala 1/50.

Para colocar los marcadores, en los siguientes escalones y en el mismo plano de la cobertura, se toma como referencia la ubicación de la sombra en el primer marcador.

Los marcadores tienen líneas a intervalos regulares para ser utilizadas como indicadores de posición de la sombra sobre el marcador. Cuando la sombra del piramidón llega a una de las líneas en el primer marcador, la sombra proyectada por este marcador, nos permitirá ubicar el siguiente marcador en la misma línea. De esta manera continuaremos ajustando la posición de los marcadores y del cordel hasta llegar a la base de la pirámide. Un instante antes de que la sombra proyectada alcance el plano de la cara de la cobertura, todos los marcadores presentarán una zona iluminada idéntica ver figura 29.

Los marcadores son colocados equidistantes, y cuanto menor sea la distancia entre ellos, mayor será la apreciación de la sombra proyectada y la precisión alcanzada.

Si la distancia entre líneas de los marcadores es de 1 mm y se coloca un marcador cada 2 metros, la tolerancia en el trazado determinada por experimentación será de aproximadamente +-1mm, la tolerancia en el trazado total será aprox. +- 100 mm.

La colocación de los marcadores comienza dos semanas antes del Solsticio en que ya se visualizan sombras útiles producidas por el piramidón. Estas sombras son empleadas para comenzar a corregir la posición del cordel, utilizando la sombra proyectada sobre los marcadores. La sombra producida durante el solsticio, es la que indica la posición precisa de los marcadores en el centro (apotema).

Las aristas son las líneas básicas para trazar una

pirámide, que corresponden cuatro filas de marcadores (ver Figura 31). También trazaremos tres apotemas, ya que la apotema Sur no tiene sombra directa para el trazado.

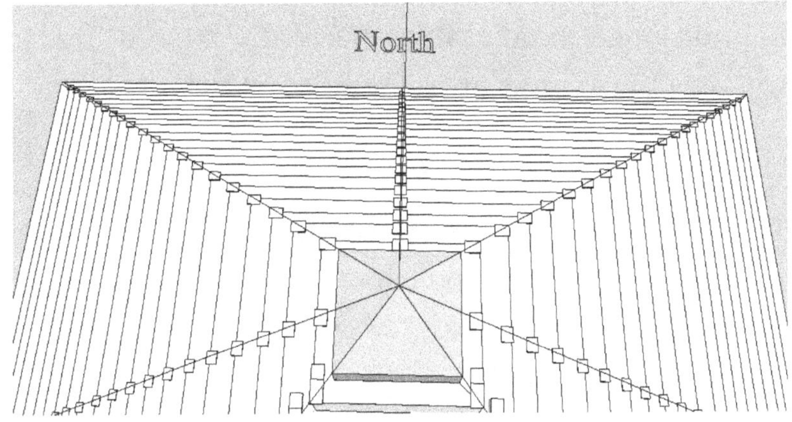

Figura 31: Marcadores sobre aristas y apotemas

En los sectores medios y bajos será necesario trazar líneas auxiliares intermedias ya que las distancias son muy grandes como veremos luego.

Una vez trazadas las aristas y apotemas se pasa a la segunda etapa de trazado, donde se realizarán chequeos proyectando las sombras de las aristas, apotemas y líneas auxiliares, entre si, para detectar y corregir desviaciones. El error promedio del trazado final puede estar perfectamente en los valores alcanzados en la Gran Pirámide, pero será necesario determinarlo en la práctica, reproduciendo el trazado en la propia pirámide. Esta pirámide es la más adecuada para verificar el trazado porque es la de mayor tamaño y por consiguiente donde mayor será la precisión alcanzada. Es la pirámide que ha sido mejor medida en las relevaciones que se realizaron. Además, al haberse removido la cima y todo el revestimiento, se encuentra en condiciones inmejorables para realizarse el trazado, porque es similar a la situación original.

Curvas de Sombras Utilizadas

El piramidón es un gnomon (poste que proyecta sombra) que proyecta cada día una curva de sombras que van en el transcurso del año, desde el solsticio de invierno hasta el solsticio de verano.

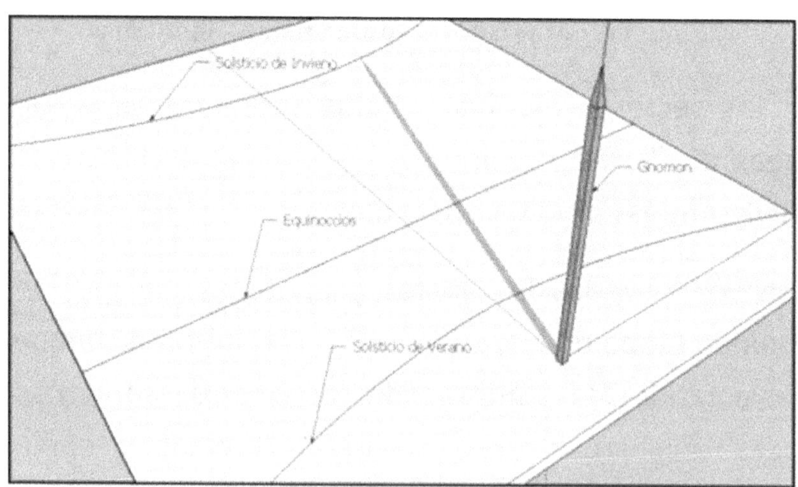

Figura 32: Sombras proyectadas por el gnomon

Esta distribución de curvas de sombras depende de las coordenadas donde se encuentra ubicado el gnomon, por lo cual existirá una distribución de sombras para cada pirámide, así como existe para cada reloj solar según sus coordenadas.

Si observamos la distribución de sombras de la pirámide de Keops, o lo que es lo mismo la de su piramidón, ya que son equivalentes, quedará ubicado como se indica en la figura 33.

En el trazado de cada pirámide se utilizaron básicamente dos curvas de sombras:

1-Trazado de apotemas de caras Este y Oeste.

Para trazar las apotemas de las caras Este y Oeste de la pirámide, la curva de sombras a utilizar es el solsticio de verano. Podemos apreciar en la figura que esta curva corta los lados Este y Oeste del cuadrado de la base en los puntos medios 5 y 6.

2 -Trazado de las aristas de la cara Norte

El trazado de la cara Norte dependerá de la pendiente que se le de a la cara, en la pirámide de Keops utilizaron la curva del 11 de octubre. En la figura 33 se ve como la curva de sombras toca las esquinas de la cara Norte del piramidón y por consiguiente de la pirámide, en los puntos 1 y 2. Esta intercepción no es casual, sino que es el resultado del dimensionado y orientación que se le dio al piramidón y por consiguiente a la pirámide. Obsérvese que la orientación de la pirámide difiere de los puntos cardinales.

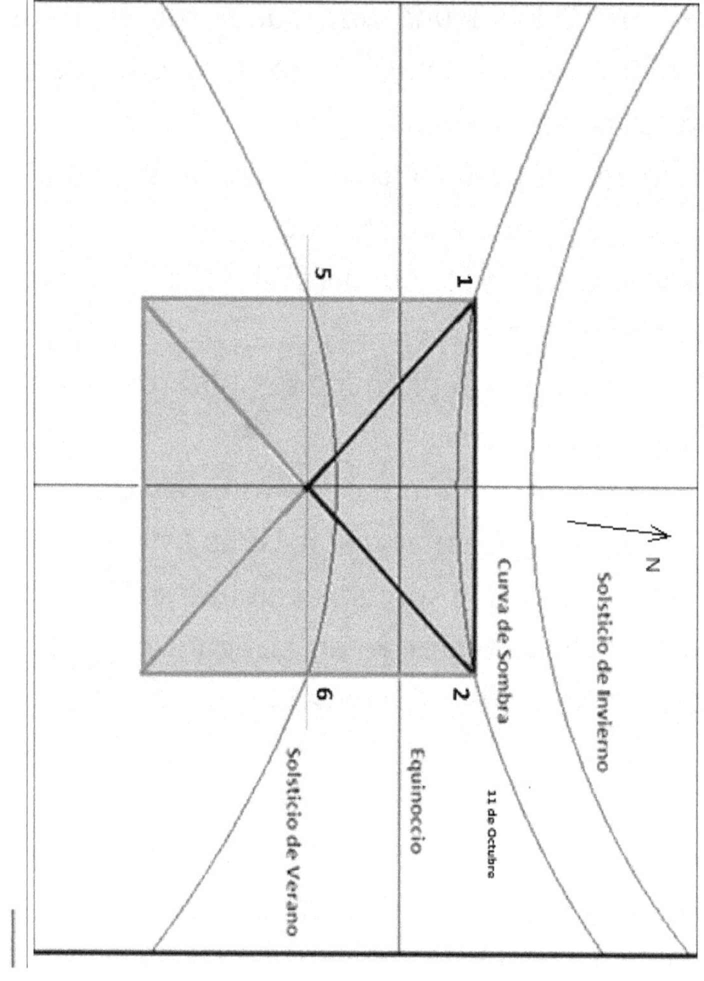

Figura 33: Curvas de sombras de la pirámide de Khufu.

El modelo de sombras

La proyección de las sombras producidas por el piramidón tiene que cumplir con el requisito de tener buena definición y apreciación. Utilizaremos un modelo de sombras en lugar del piramidón para mejorar la apreciación de las sombras. Esta es una simple mejora que introducimos y nos referiremos al modelo de sombras como el piramidón para simplificar. El modelo estará formado por una base cuadrada hecha en madera fina y un gnomon colocado en su centro.

En el modelo de sombras se visualiza la sombra producida por el gnomon en su recorrido diario. La sombra del gnomon indicará la posición exacta de cada arista y apotema a ser trazada.

El gnomon tendrá a su vez una punta más aguda que el piramidón para mejorar la apreciación de la sombra producida. La apreciación de este modelo es similar a la de un reloj solar. Un reloj de este tamaño puede apreciar 1 minuto de tiempo. El reloj solar más grande que se conoce tiene una apreciación de 15 segundos. Los relojes de sol al igual que las pirámides a mayor tamaño mayor es la precisión.

Esto que parecía tan ilógico cuando se pensaba en trazar las pirámides midiendo, ahora vemos que cuando se mide el tiempo con un gnomon, es lo que ocurre.

"Los relojes de sol más grandes son los más precisos, así como las pirámides más grandes son las más precisas en su trazado".

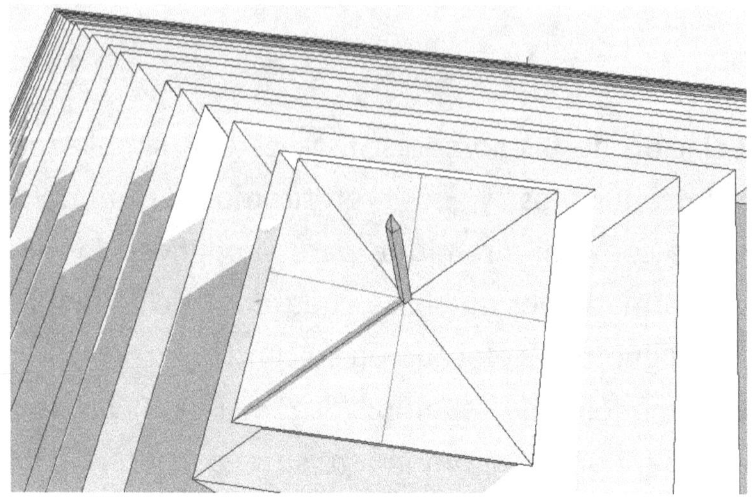

Figura 34: El Modelo de Sombras

A mayor tamaño del reloj solar mayor es la distancia entre marcas y mayor el detalle en unidades de tiempo a apreciar.

Algo similar ocurre en el trazado de las pirámides, en que el aumento de la apreciación es visible durante la etapa de chequeo, cuando se utilizan las sombras proyectadas lateralmente a las aristas, líneas auxiliares y apotemas. El aumento de la apreciación en la base de la pirámide será de unas 10 veces la del modelo de sombras.

Una vez realizado el trazado sustituiremos el modelo de sombras por el piramidón que coronará la pirámide y colocaremos la cobertura (ver figura 35). En lo sucesivo nos referiremos al modelo de sombras como el piramidón y lo dibujaremos con esa forma.

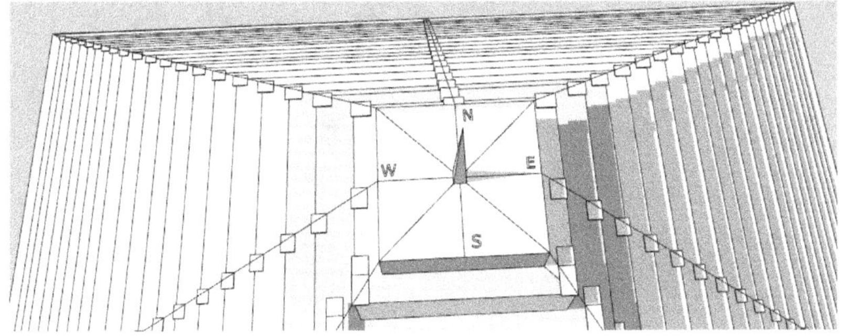

Figura 35: Trazado utilizando el Modelo de Sombras

Trazado de la Cara Sur

Las aristas de la cara Sur son compartidas por las caras Este y Oeste. A diferencia de las otras caras de la pirámide, no disponemos de una sombra proyectada directa que nos permita ubicar los marcadores en posición. Recurriremos entonces a la misma sombra que utilizamos para colocar los marcadores en el centro de las caras Este y Oeste. Llamaremos a este trazado, trazado de sombra indirecta.

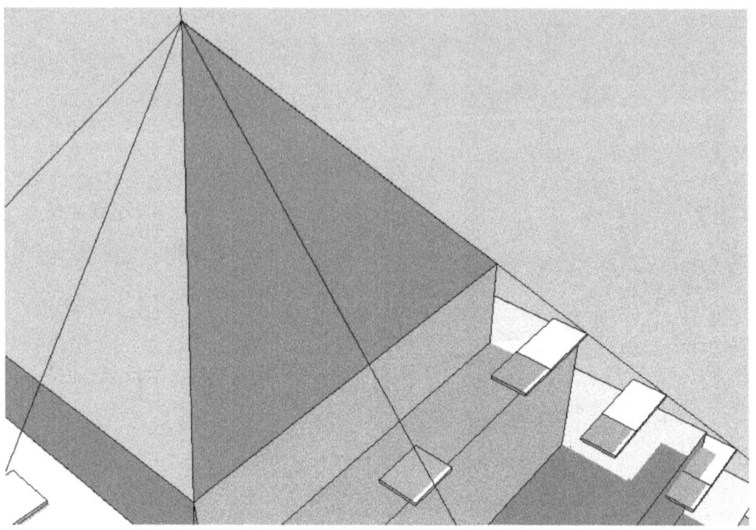

Figura 36: Marcadores de Arista Sur

Los marcadores que utilizaremos serán más largos llegando desde la sombra proyectada en al centro de la cara en el primer escalón hasta la esquina a trazar (ver figura 36 y 37).

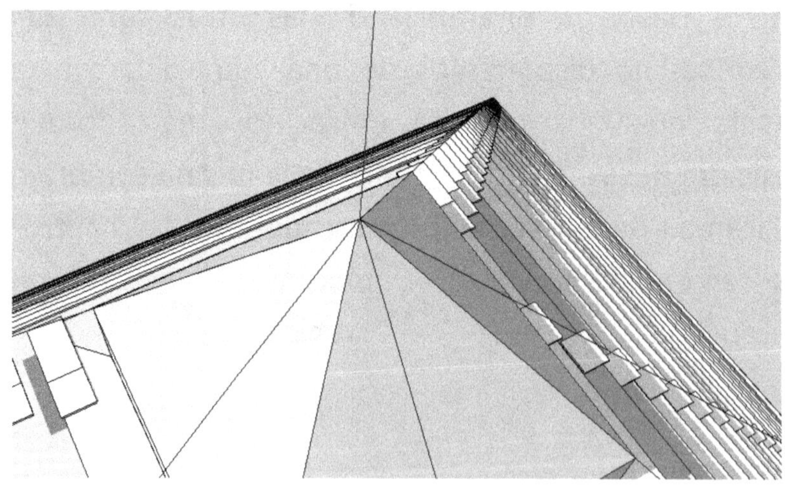

Figura 37: Arista Sur-Oeste

Este marcador a su vez proyectará sombra que permitirá ubicar el comienzo del próximo marcador en el siguiente escalón. Todos los marcadores tendrán la misma longitud y estarán nivelados y equidistantes verticalmente entre ellos.

Durante los chequeos utilizaremos las aristas y apotemas trazadas con sombra directa, para ajustar el trazado de las aristas de la cara Sur que fueron trazadas con sombras indirectas. Una vez chequeadas las aristas de la cara Sur, tendremos las líneas bases para trazar la cara Sur utilizando las sombras proyectadas por estas aristas y teniendo como referencia el modelo de sombras en la cima.

Trazado de la Cara Norte

Hasta el momento hemos explicado como trazar las apotemas de las caras Este y Oeste así como las aristas de la cara Sur. La pendiente de las caras del piramidón fue determinada como vimos, por la curva de sombra del solsticio y es la elevación solar para esa latitud con azimut 90 y 270 grados.

La relación entre la altura de la pirámide y la base está determinada por la pendiente de caras.

Las aristas de la cara Norte tenían que ser trazadas con sombra directa para alcanzar la mayor precisión posible en el trazado, y corregir durante el chequeo con las aristas de la cara Norte, las aristas de la cara Sur.

En su mayoría, las pirámides fueron trazadas utilizando una curva de sombra que pasa por ambas esquinas de la cara Norte. Hay excepciones como es la pirámide del faraón Kakaura Ibi en que se utilizó una curva de sombra para cada esquina de la cara Norte. La orientación de la pirámide se alejó 17 grados de los puntos cardinales, probablemente por razones topográficas.

En general se buscaba estar lo más cerca de la orientación según los puntos cardinales y por eso las pirámides se alineaban a una única curva de sombras utilizada para trazar las aristas de la cara Norte.

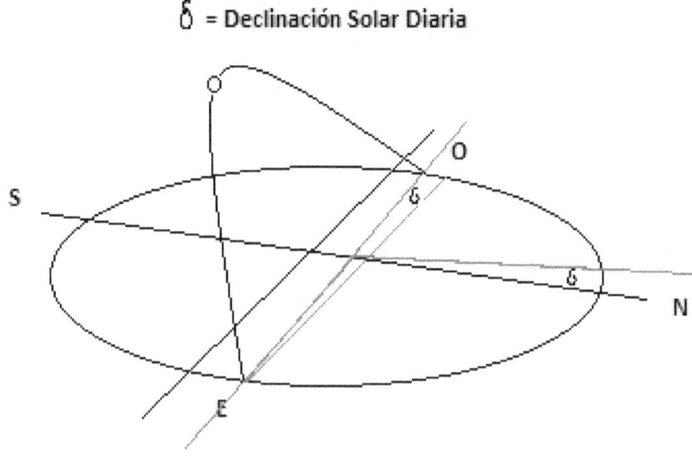

Figura: 38 Declinación Solar Diaria

En la figura 38 podemos observar que, visto desde nuestro horizonte, el sol recorre una trayectoria diaria que está ligeramente desviada del eje Este-Oeste un ángulo igual a la declinación solar diaria. Por esta razón las curvas de sombras tienen una pequeña desviación de los puntos cardinales y las pirámides trazadas con ellas quedan orientadas de esa manera.

En las mediciones realizadas se observa que la base de la pirámide de Keops está rotada 3,5 minutos de grado en sentido antihorario. Este fenómeno ocurre en diferente grado en todas las pirámides lisas.

 Según en qué altura del año se trazó, la base estará rotada en sentido horario (en marzo, con la trayectoria solar ascendiendo) o antihorario (en octubre, con la trayectoria solar descendiendo).

Así las pirámides de Kefren y Keops están rotadas en sentido antihorario y la pirámide de Micerinos en sentido horario.

Esta rotación de la base de las pirámides no es un error como frecuentemente se afirma, sino el resultado de alinear la pirámide a la curva de sombra utilizada para trazarla.

En la pirámide de Keops se observa que, en horas de la mañana del 11 de octubre el sol esta sobre el punto cardinal S-E (punto 1) con la elevación necesaria para proyectar la sombra del piramidón sobre la esquina N-O (ver figura 39).

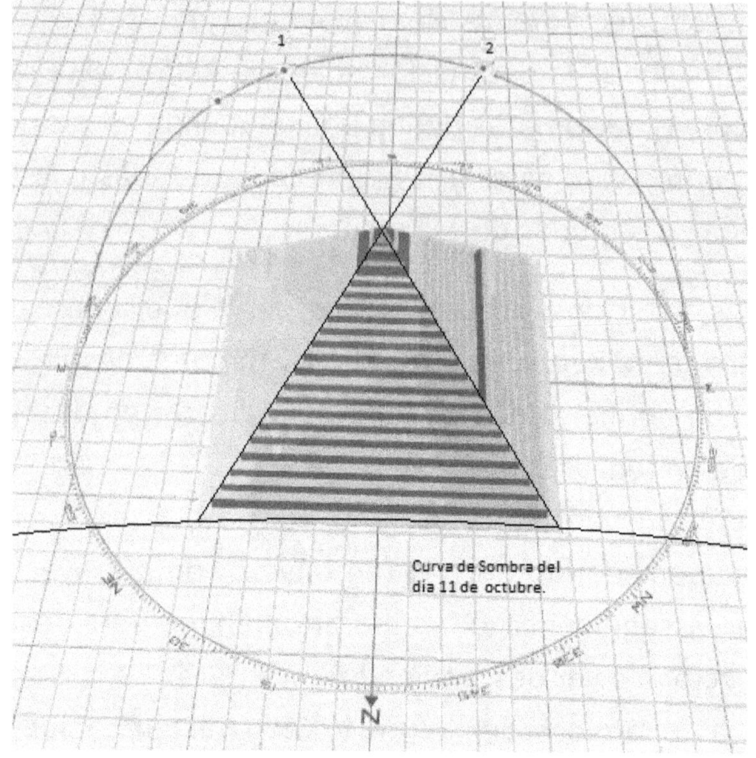

Figura 39: Trazado de aristas cara Norte

En horas de la tarde el sol alcanza el punto 2, proyectando la sombra del piramidón sobre la esquina N-E. La sombra proyectada por el piramidón se ve representada en la curva de sombras del día 11 de octubre.

En el mes de octubre el sol declina a razón de 0,9 minutos de grado en cada hora. El tiempo que demora la sombra en ir de la esquina N-O a la N-E es de 4 h 17′, lo que da una declinación de aproximadamente 3,5 minutos de grado.

Utilizando esta sombra proyectada por el piramidón se traza la arista N-O (ver figura 40). La sombra se va aproximando a la arista los días anteriores al 11 de octubre lo que permite ir ajustando la posición de los marcadores y del cordel en esta esquina hasta llegar al día en que queda exactamente en la posición de la arista. Luego en horas de la tarde el sol alcanzará la posición sobre la esquina N-E donde también se ajustará la posición de los marcadores los días previos, obteniendo el trazado de la arista el día 11 de octubre.

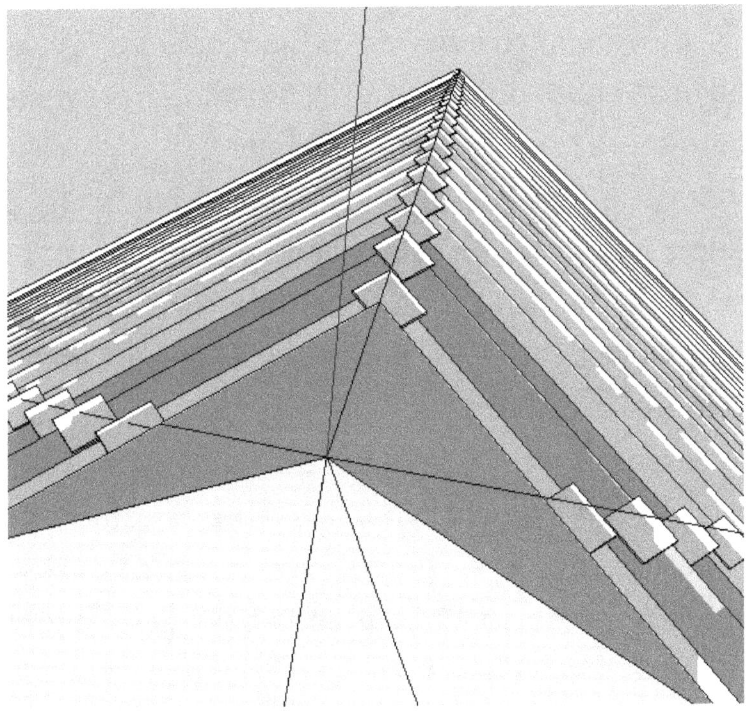

Figura 40: Trazado de Arista N-O

Estos trazados realizados con sombra directa son más

precisos que el trazado con sombra indirecta que realizaremos en las aristas de la cara Sur. El trazado de las aristas de la cara Norte así como las apotemas Este y Oeste van a ser la referencia a tomar al realizar los chequeos y ajustes de las otras aristas y apotemas.

Dimensionado y Orientación del piramidón

Con el objetivo de explicar la orientación del piramidón (modelo de sombras) y la técnica que se utiliza para hacerlo, analicemos lo siguiente. Como puede observarse en la figura 41, en la pirámide de Keops, en horas de la mañana del día 11 de octubre, el sol se encuentra en el punto 1s y el piramidón proyecta su sombra sobre la esquina N – W, punto 1.

En horas de la tarde el sol pasaría al punto 3s, pero debido a la declinación solar, recorre una curva más baja llegando al punto 2s. La sombra proyectada por el piramidón va a caer en el punto 2, más delante de lo que ocurriría si no hubiera declinación solar.

Esta desviación de 3,5 minutos de grado, no es visible a simple vista, ya que el ojo humano aprecia como mínimo una desviación de 1 grado. Sin embargo, esos 3,5 minutos de grado son 24 cm en la base de la pirámide, los cuales si son visibles durante el chequeo.

El movimiento de declinación solar es permanente durante todo el año, salvo en los días de los solsticios (sol quieto) en que no varía la declinación. Las curvas de sombras no son simétricas respecto al eje Norte – Sur, debido a la declinación solar.

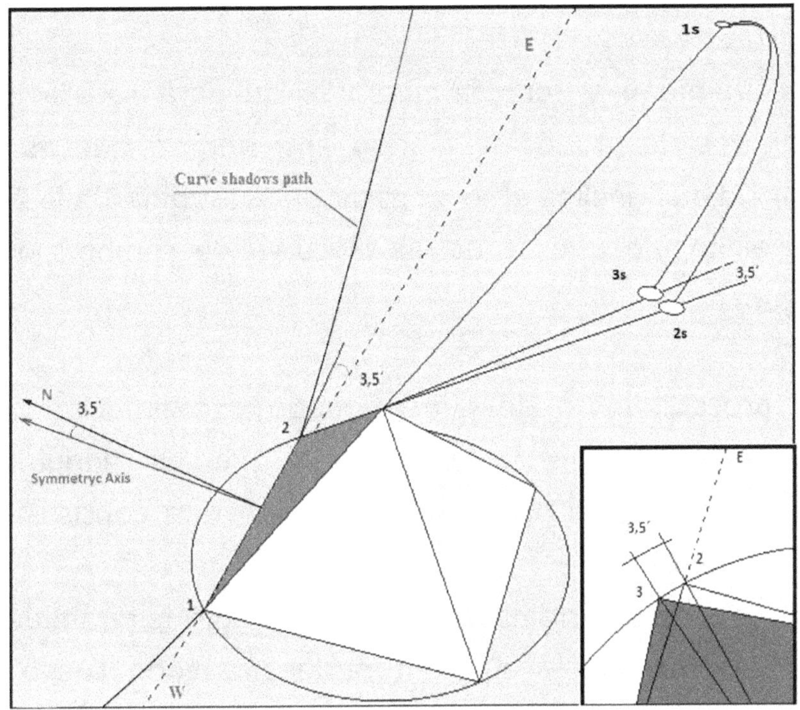

Figura 41: Orientación del piramidón

Por esta razón, las pirámides no fueron orientadas según los puntos cardinales, sino que fueron alineadas con la curva de sombra utilizada para trazar la cara Norte.

La recta que une los puntos 1 y 2 de la curva de sombra del 11 de octubre está desviada respecto al eje Este-Oeste, 3,5 minutos de grado.

La curva de sombra utilizada tiene el eje de simetría desviado 3,5 minutos de grado respecto al eje Norte – Sur debido a la declinación solar ver figura 41. El piramidón fue alineado con la recta que une los puntos 1 a 2, para que su base cuadrada tenga el mismo eje de simetría que la sombra a utilizar y poder así trazar las aristas de la cara Norte.

El piramidón y toda la pirámide quedará rotada 3,5 minutos de grado en sentido anti horario que es el ángulo que declina el sol al pasar de la esquina 1 a la 2, y es el ángulo que se desvía la curva de sombras, ver figura 41.

El procedimiento de dimensionado y orientación del piramidón según la experiencia que he adquirido haciéndolo en el programa de arquitectura consiste en lo siguiente.

Primero se determina la altura que tendrá la pirámide y se establece por escala la altura del piramidón. Luego se coloca un gnomon de esa altura sobre una pequeña superficie nivelada (9 metros cuadrados) en el lugar donde se construirá la pirámide, trazando las sombras proyectadas. En Giza se utilizó la sombra del 8 de octubre para la pirámide del Faraón Kefren mientras que en la pirámide del faraón Keops, fue la sombra del 11 de octubre.

La curva de sombras deberá tocar ambas esquinas de la cara Norte del cuadrado de la base del piramidón. El lugar geométrico donde se encontrarán estas intercepciones, es un círculo en el que está inscripto el cuadrado de la base. En el trazado de las apotemas ya habíamos determinado aproximadamente la pendiente de la pirámide que era igual a la elevación solar.

Esto nos da una idea de cuanto mide el cuadrado de la base del piramidón. La diagonal de ese cuadrado es el diámetro del círculo en que estará inscripto. Tomando ese diámetro como referencia vamos a ir trazando círculos de diferente diámetro que intercepten la curva de sombra. Cuando la distancia entre los puntos de intercepción es igual al lado del cuadrado inscripto en el círculo trazado, habremos hallado el cuadrado de la base del piramidón a utilizar y su orientación.

Trazado de Líneas Auxiliares

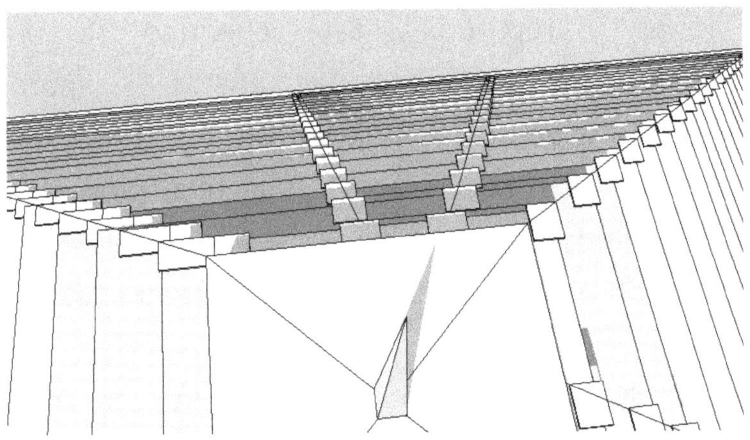

Figura 42: Modelo de Sombra

El trazado de las líneas auxiliares es similar al que hemos realizado anteriormente con las aristas y apotemas, pero utilizando otras curvas de sombras. Cuantas más líneas auxiliares se tracen mayor va a ser la precisión en los chequeos finales. En los sectores bajos donde las distancias son mayores, como mínimo se requiere una línea auxiliar cada 20 metros.

Chequeo de las aristas de la cara Sur

El trazado de las aristas de la cara sur fue realizado utilizando el método de sombra indirecta, que es menos preciso que el método de sombra directa, utilizado en las aristas de la cara norte.

Luego de realizar el trazado por sombra indirecta de las aristas de la cara Sur, es necesario chequear sus posiciones y rectitudes. Este chequeo se realiza tomando como referencia las aristas y apotemas trazadas por sombra directa. Al cordel utilizado para señalar cada arista se le agrega una tela, formando así una pantalla que recibe y proyecta sombra, al igual que los marcadores utilizados durante el trazado (ver figura 43).

La arista N – E y la apotema este, fueron trazadas utilizando sombra directa y ambas se encuentran contenidas en el plano que tendrá la cobertura de la cara este.

Vamos a chequear que la arista S – E, que fue trazada con sombra directa, se encuentra contenida en el plano de la cobertura de la cara este.

Cuando la sombra de la arista este se proyecta sobre la apotema, se forma una zona iluminada (ver figura 43 - 1). La apotema recibe la sombra y proyecta a su vez sombra, sobre la arista N – E. (ver figura 43 – 2).

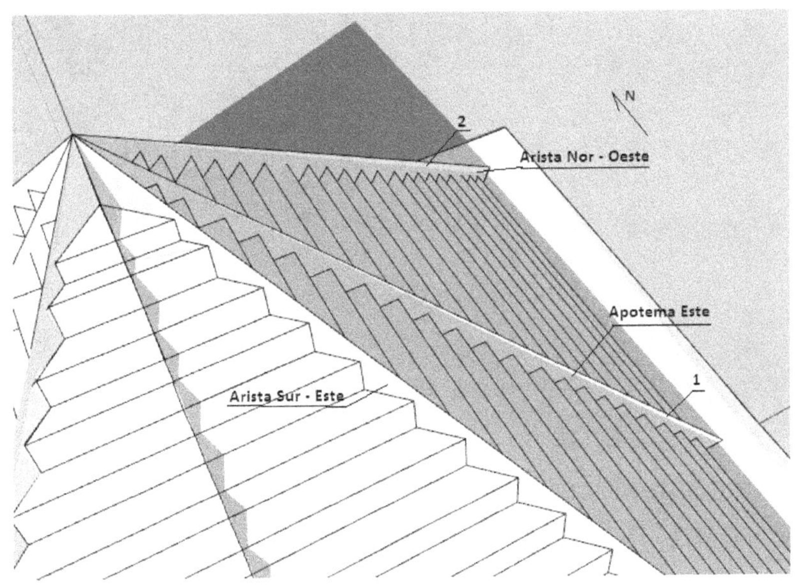

Figura 43: Chequeo de la arista Sur – Este

Las zonas iluminadas sobre las pantallas se van reduciendo a medida que el sol avanza. Si la arista este está bien posicionada, el borde de su sombra proyectada sobre la apotema, va a coincidir con el borde de la arista (ver Figura 44). Esta verificación nos permite constatar que la arista está contenida en el plano de la cobertura o bien realizar los ajustes necesarios para que ello ocurra. En estos chequeos también se aprecia y ajusta la rectitud de las aristas y apotemas.

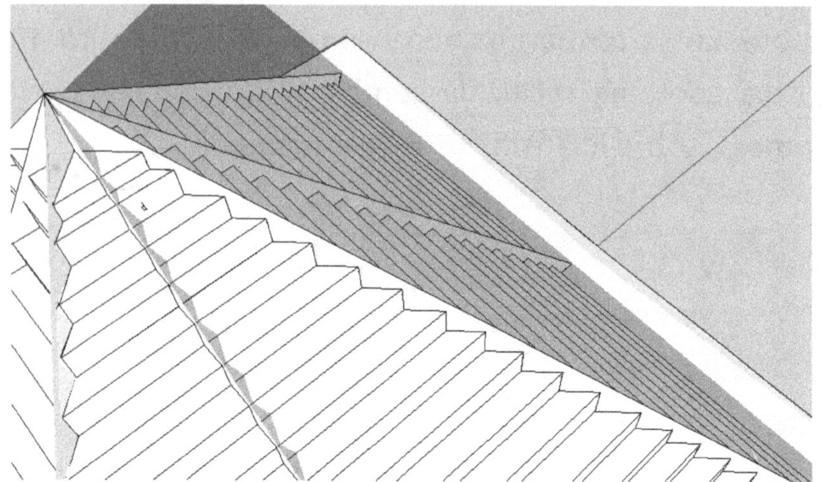

Figura 44: Fin del Chequeo de la arista Sur – Este

El chequeo al igual que el trazado se realiza desde la cima hacia la base de la pirámide.

Al igual que los marcadores utilizados anteriormente, la precisión que se alcanza en este chequeo y en el trazado en general, depende de la apreciación que se tenga de la sombra proyectada. A mayor distancia a proyectar la sombra, menor definición tendrá. En los sectores altos de la pirámide, por ejemplo en el modelo de sombras, las distancias son pequeñas y la definición es muy buena. A medida que el chequeo avanza hacia la base de la pirámide, la distancia entre aristas y apotemas va aumentando lo cual disminuye la definición de la sombra.

El uso de pantallas intermedias (sobre las líneas auxiliares que trazamos anteriormente) permite disminuir la distancia de la sombra proyectada. Así como los marcadores proyectaban la sombra hacia abajo, sobre la cara del núcleo escalonado, estas pantallas proyectan la sombra transversalmente entre apotemas y aristas, manteniendo una buena definición de sombra.

Por otro lado, el ancho del sector iluminado sobre la arista aumenta al alejarnos de la cima, siendo máximo en la base de la pirámide (ver figura 45).

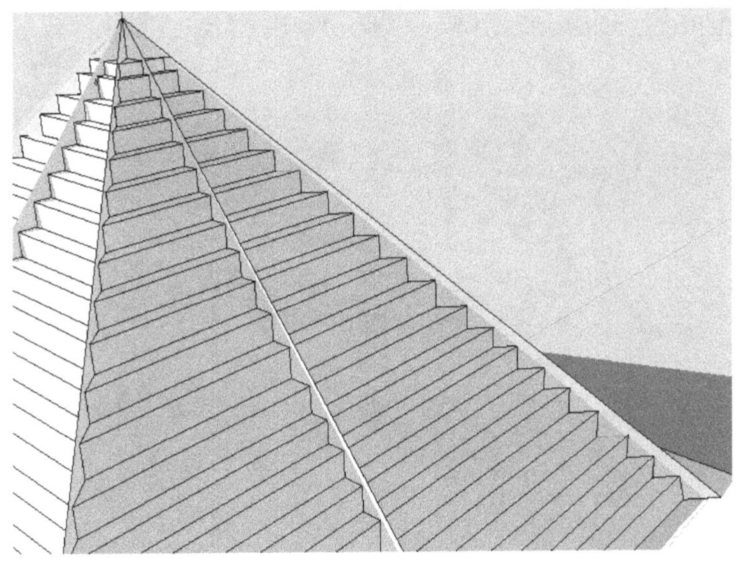

Figura 45: Tamaño del espacio iluminado

El tamaño de la zona iluminada en la base y por consiguiente la apreciación del chequeo y su precisión, será mayor cuanta más alta sea la pirámide. Por esta razón las pirámides más grandes son las más precisas en su trazado, así como los relojes solares más grandes son los más precisos.

Obsérvese que el ancho del sector iluminado en la arista va en aumento desde la cima hacia la base (ver figura 45). Cuando en el modelo de sombras la zona iluminada es de 1 cm en la base será de 76 cm. La apreciación y por consiguiente la precisión, va a ser mayor en la base de la pirámide. También se cumple que a mayor altura de la pirámide mayor será la precisión.

Unas vez posicionada la arista S – E se realiza el mismo chequeo con la arista S – O sobre la cara oeste.

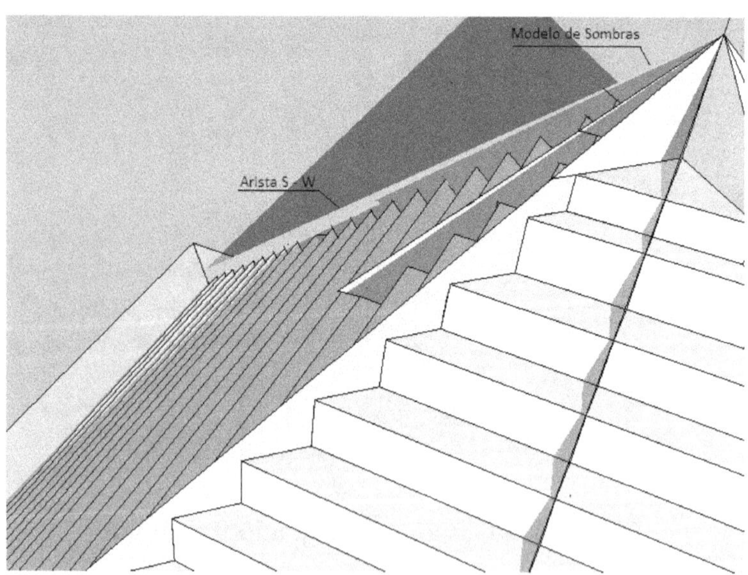

Figura 46: Proyección de la apotema sur.

Luego se pasa a trazar la apotema Sur utilizando la

sombra proyectada por las dos aristas de la cara Sur (ver figura 46).

El trazado se realiza utilizando como referencia la sombra proyectada en el modelo de sombras por las aristas sobre la apotema. Otros chequeos de verificación consisten en observar que cuando la sombra marca una esquina, la arista opuesta no proyecta sombra. Por ejemplo en la figura se observa que cuando la sombra marca la esquina N – E, la arista opuesta (S – W) no proyecta sombra (ver figura 47).

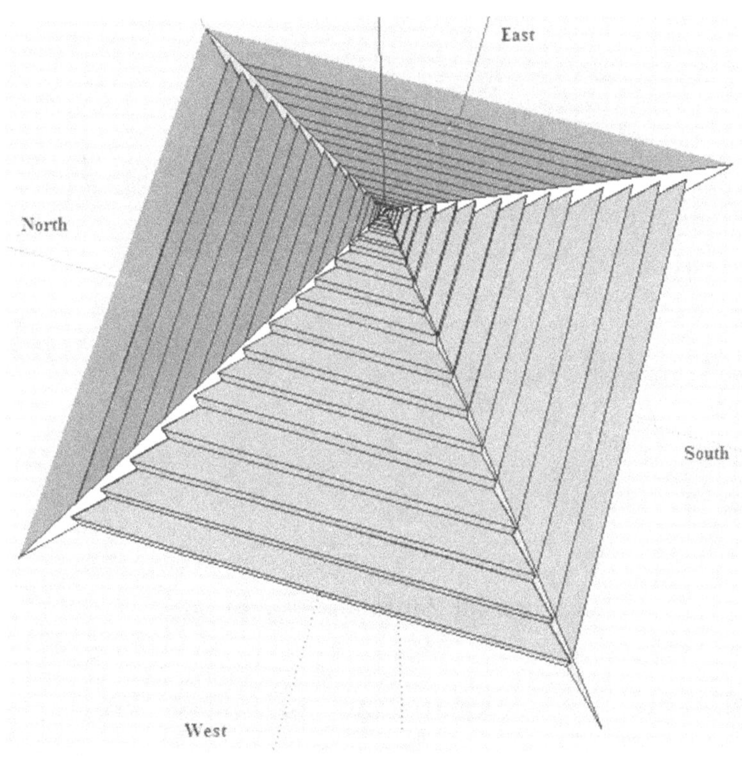

Figura 47: Chequeo de aristas

Cuando en el modelo de sombras, la sombra de una arista se proyecta en otra, a lo largo de toda la arista y en la base de la pirámide tiene que ocurrir lo mismo. El modelo es una referencia sin embargo su apreciación no es suficiente para alcanzar la perfección obtenida, para ello fue necesario realizar los chequeos descriptos.

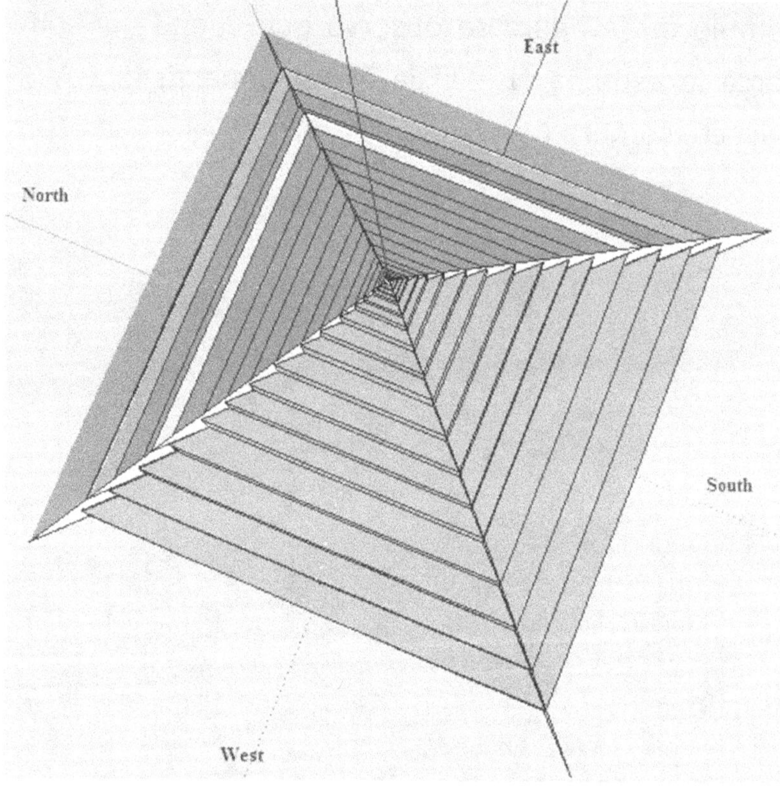

Figura 48: Pantallas horizontales

Finalmente se colocan las pantallas horizontales, equidistantes sobre los escalones, lo cual permite, colocar los cordeles horizontales y apreciar aún con mayor detalle imperfecciones de trazado (ver figura 48). **Este procedimiento permite visualizar cualquier imperfección en el trazado como si el revestimiento ya hubiera estado colocado.** Este tipo de imperfecciones son las que un observador exigente, como era el faraón Khufu, podía observar, antes de autorizar la colocación de la cobertura.

Trazado de las Pirámides de Giza

Seguidamente vamos a realizar el trazado de las pirámides de Giza aplicando el procedimiento descrito anteriormente.

Trazado de las apotemas Este y Oeste
Pirámide de Kefren

En la figura 49 y 50, se observa la sombra proyectada sobre los marcadores colocados en el centro de la cara Este (apotema) y Oeste de la pirámide de Kefren, cuando el sol se encuentra en el punto 1 y 2 (ver figura 25).

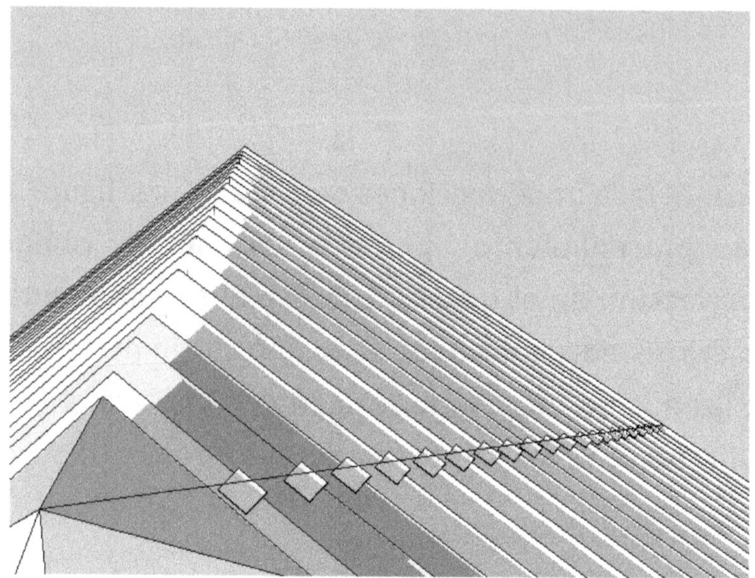

Figura 49: Marcadores sobre apotema Este

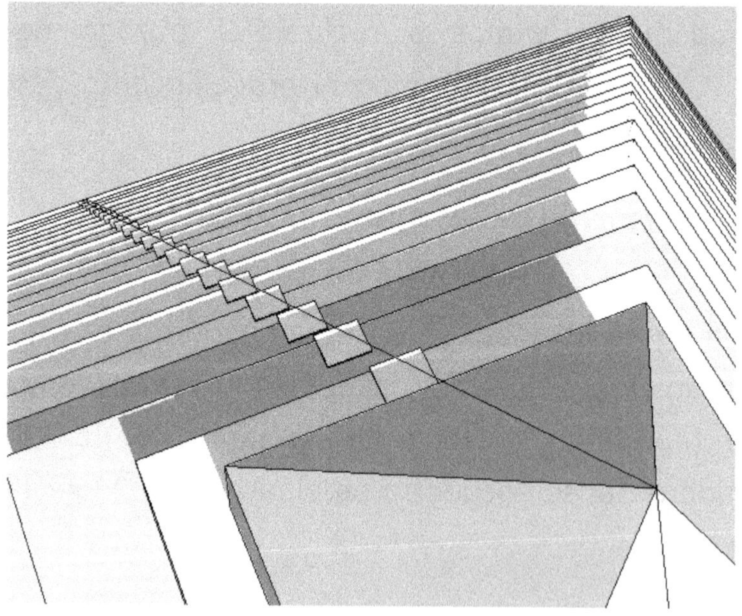

Figura 50: Marcadores sobre apotema Oeste

Para determinar cuando el Sol alcanza los puntos 1 y 2

(ver Procedimiento), vamos a consultar en la carta solar de la pirámide de Kefren. En la página de AndrewMarsh.com, programa 3D Sun Path ingresamos las coordenadas de la pirámide de Kefren según Google Maps (29.97606N y 31.13067E).

Nota: Utilizados diferentes valores de coordenadas proporcionadas por otras fuentes, las variaciones en los resultados son de centésimas de grado y no inciden en los resultados.

Luego, ingresando diferentes fechas vamos observando los resultados en Información Solar, hasta alcanzar la Elevación Solar 53,16º (Alt) y Azimut 90º (Azi).

Esta elevación solar se alcanza el día 21 de junio, a las 9:14 hs am. Esta es la máxima elevación que alcanza el sol con esa Azimut en el año y ocurre en el Solsticio de verano. Esto quiere decir que la pendiente de las caras de la Pirámide de Kefren es la máxima que podían trazar en Giza ya que es la máxima elevación que alcanza el Sol con Azimut 90º para la ubicación de la pirámide.

La pirámide de Kefren, es la pirámide con mayor pendiente de caras en Giza y esa pendiente es igual a la máxima elevación solar (azimut 90 y 270 grados) que ocurre en el Solsticio de Verano.

Los antiguos egipcios trazaron la pendiente de la pirámide de Kefren con el máximo valor que podían alcanzar en Giza utilizando el sol.

El sol alcanzará el punto cardinal Oeste a las 14:41 hs pm, y la elevación coincidirá con la pendiente de la cara de la pirámide.

Pirámide de Keops y Micerinos

La pendiente de las caras de la pirámide de Keops estimada por Petrie es 51º 52′ o 51,86º.

Este ángulo es algo menor al de la pirámide de Kefren, pero tiene la ventaja de que es alcanzado por el sol y está disponible para el trazado desde el 11 hasta el 21 de junio.

En la siguiente figura se ilustra la elevación solar para trazar la cara Este. Lo dicho para la pirámide de Keops es válido para la pirámide de Micerinos con sus 51º 10′ de pendiente.

Trazado de la cara Norte
Pirámide de Keops

Para trazar la cara Norte, lo primero que tenemos que determinar es la altura de la Gran Pirámide ya que la calculada por Flinders Petrie es una aproximación (146,70). Para esto vamos a trazar la base en un software de arquitectura, con la información que surge de las mediciones realizadas por Lehner y Colman con un error +- 50 mm. Esta medición es más precisa que la realizada por Petrie porque se tomaron como referencia una sucesión de puntos aún visibles, vestigios del revestimiento original, mientras que Petrie utilizó un punto por cada cara.

En la figura vemos el núcleo de la Gran Pirámide trazada, utilizando las medidas obtenidas por Lehner y Goodman en 1984.

Coordenadas de la cima:

29,979182139 N   31,134197802 E

Medidas en mm   (agregar referencias)

Esquina NE : 115288 N   115034 E +- 54   230389
lado Norte

Esquina NW : -115095 N -115355 E +- 50   230336
lado Oeste

Esquina SW : -115241 N   -115046 E   +- 60 230308 lado Sur

Esquina SE :   114994 N   115262 E   +- 93   230282 lado Este

El día 11 de octubre a las 9:34 hs, la sombra del piramidón se posiciona próxima a la esquina N-O ver figura 51.

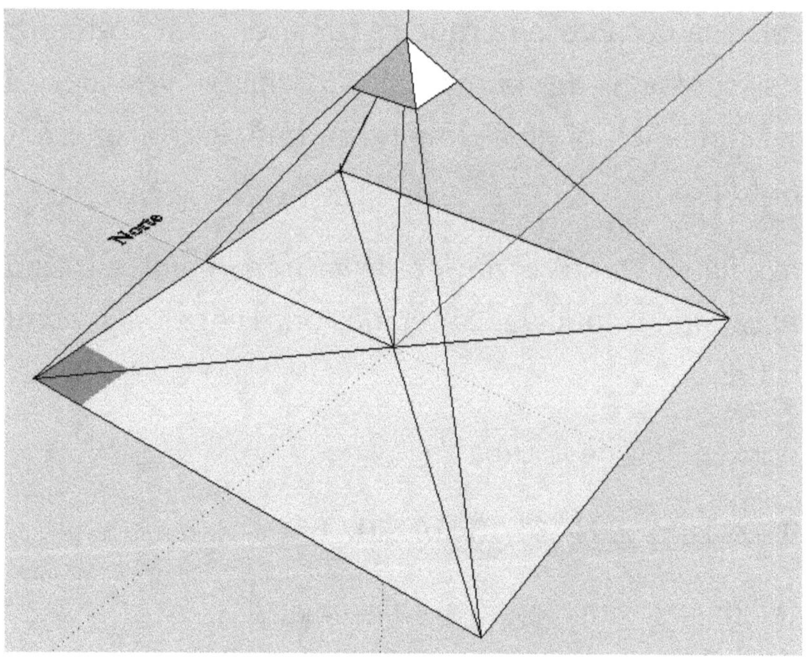

Figura 51: Sombra esquina N-O

Esta es la sombra más próxima a la esquina ya que la del día 10 de octubre pasa más lejos ver figura 52 y 53.

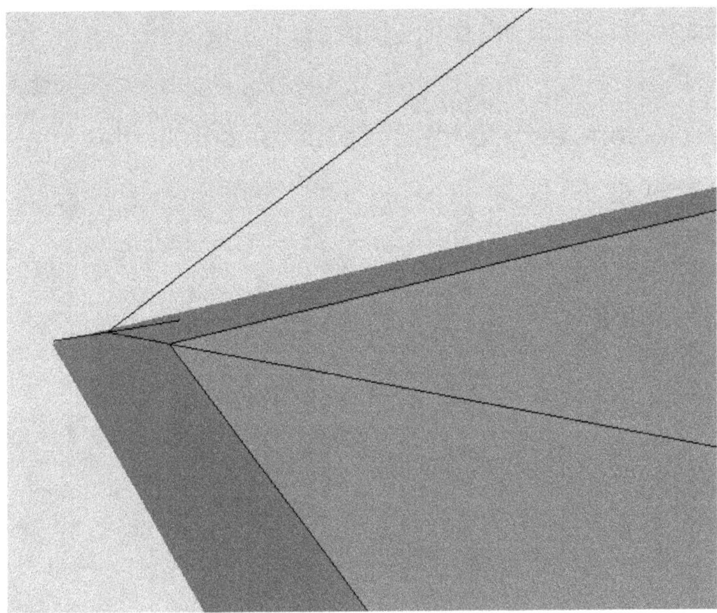

Figura 52: Sombra sobre esquina N-O con altura 146,70 m

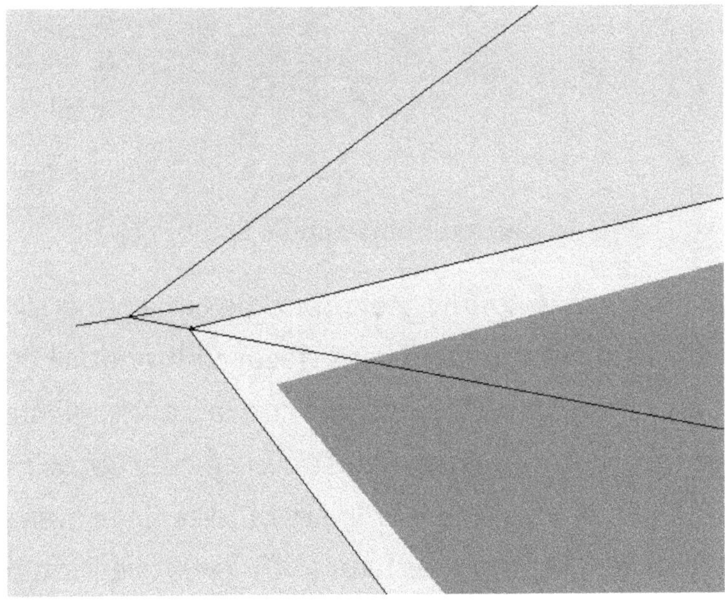

Figura 53: Sombra sobre esquina N-O el 10 de octubre

El programa no permite ingresar segundos por lo que vamos a trazar una recta uniendo los dos puntos que marcó la sombra y lo interceptamos con la diagonal de la base ver figura .

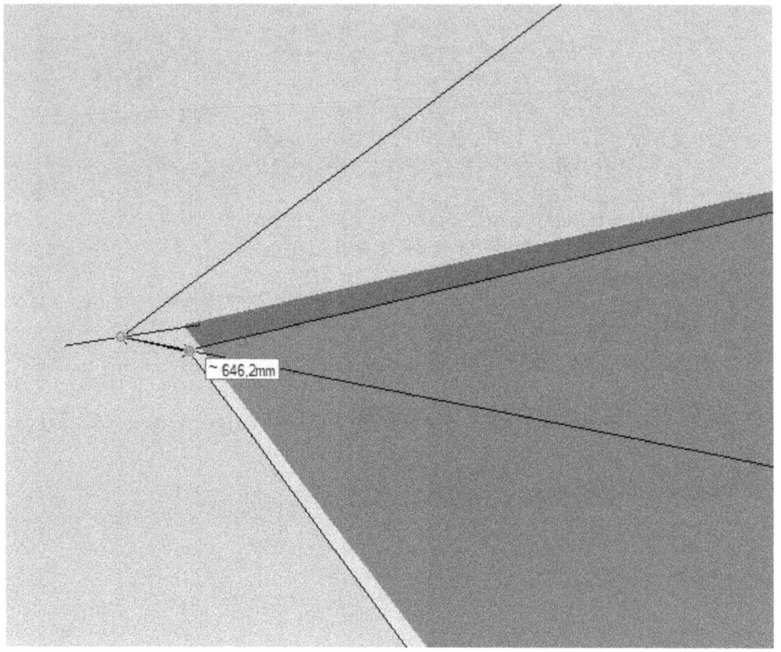

Figura 54: Determinación de Sombra N-E

Luego unimos ese punto y el punto de cima para obtener la arista que podemos trazar utilizando la curva de sombra del día 11 de octubre con la altura calculada por Petrie. Entonces, para ajustar el cálculo aproximado de la altura, vamos a mover la arista hasta la esquina N-O medida por Lehner (ver figura 55). La proyección de esta arista sobre el eje de la pirámide nos da la altura a la que se tiene que encontrar la cima de la pirámide para que la sombra proyectada caiga exactamente en la esquina N-O.

La cima del piramidón tendrá que estar 559 mm más abajo, por lo cual la altura de la pirámide original será 146700 − 559 = 146140 mm. El ángulo de la arista así obtenido es de 41,88°, mientras que la pendiente de la cara Norte es 51° 44′.

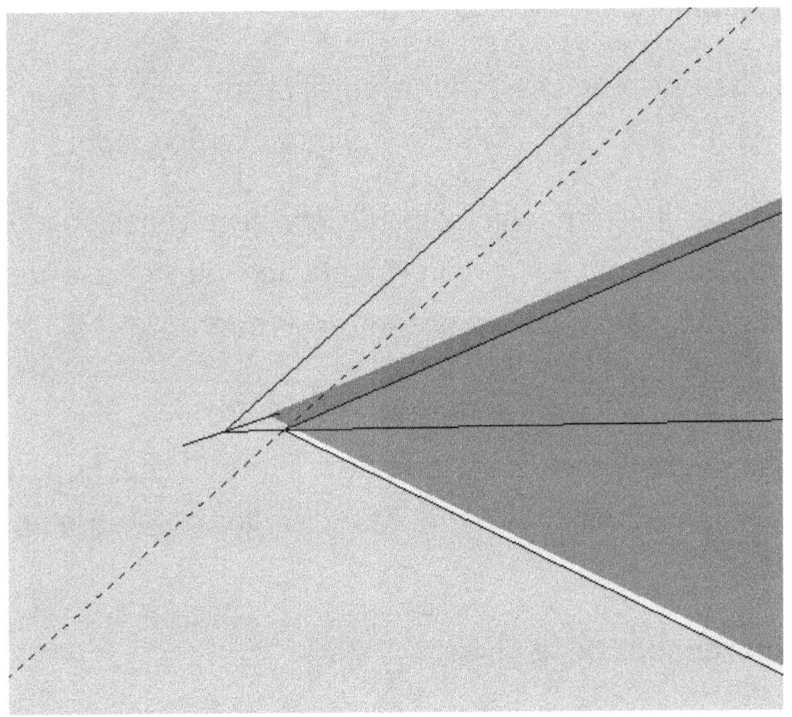

Figura 55: Proyección de Arista

La esquina N-O es trazada utilizando la curva de sombra del 11 de octubre a las 9h 33′27′′ con una elevación solar de 41,88° y con el sol sobre el punto cardinal S-E (Azimut 134,95°).

Ajustada la altura, la curva de sombras del día 11 de octubre va a pasar por la esquina N-E. Consultada la elevación solar para el 11 de octubre 9h 33′ con Azimut 134,95° en la carta solar de la Gran Pirámide da 41,77° grados.

En horas de la tarde a las 13:50 hs la curva de sombra pasará por la esquina N-E con Azimut -135,06°, interpolando la elevación da 41,83°.

La diferencia de la elevación solar entre ambas esquinas es 41,83° − 41,77° = 0,06 ° = 3,5 minutos de grado.

Esta declinación solar coincide con la inclinación de la curva de sombras y con la rotación de la base de la pirámide, como explicamos anteriormente.

Pirámide de Kefren

En la figura vemos el trazado de la pirámide del faraón Kefren, utilizando las medidas obtenidas por Petrie en 1884.

Coordenadas de la Cima

Google Maps   29,97606N   31,13067E

Lado N   215186,26   - 0,092 = - 5′31′′   x = 215185,98 y= 345,52

Lado E   215270,08   - 0,103 = - 6′13′′   x = 215269,73 y = 386,99

Lado S   215313,26   - 0,094 = - 5′ 40″ x = 215312,97
y = 349,96

Lado W 215277,70   - 0,073 = - 4′ 21″ x = 215277,52
y = 276,83

Altura =143865,6 mm   +- 330,2 mm

Pendiente de cara = 53º 10′ = 53,16º

El día 8 de octubre a las 9:38 hs, la sombra del piramidón se posiciona en la esquina N-O y a las 13:46 hs en la esquina N-E.

Vamos a determinar la altura de la pirámide de la misma manera que lo hicimos con la pirámide del faraón Keops.

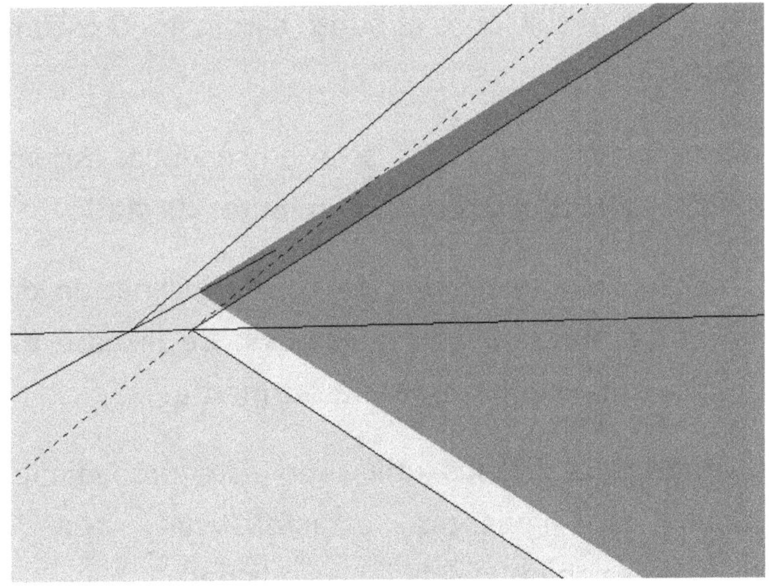

Figura 56: Sombra sobre esquina N-O con altura de pirámide de 143,86 m

La cima del piramidón estará 317 mm más abajo, por lo cual la altura de la pirámide original es 143865 − 317 = 143548 mm. El ángulo de la arista así obtenido es de 43,33°, mientras que la pendiente de la cara Norte es 53,14°.

La esquina N-O fue trazada utilizando la curva de sombra del 8 de octubre a las 9h 37′44′′ con una elevación solar de 43,19° y con el sol sobre el punto cardinal S-E (Azimut 134,90°).

En horas de la tarde a las 13h 46′33′′ la curva de sombra pasa por la esquina N-E con una elevación solar de 43,28° y con el sol sobre el punto cardinal S-O (Azimut - 135,06°).

La diferencia de la elevación solar entre ambas esquinas es 43,28° − 43,19° = 0,09° = 5,4′ minutos de grado.

Esta declinación solar coincide con la inclinación de la curva de sombras y con la rotación de la base de la pirámide, como explicamos anteriormente.

Los trazados realizados utilizando este procedimiento tendrán las siguientes características, que son coincidentes con las pirámides estudiadas:

- Las aristas y apotemas son rectas y se encuentran en la cima de la pirámide.

- Las cuatro caras triangulares de la pirámide, así como el cuadrado de la base quedan delimitados por cordeles, con un error en el trazado de +- 100 mm.

- La pendiente de la pirámide es la máxima posible o similar a ella, para las coordenadas del lugar donde se traza (elevación solar máxima disponible para azimut 90 y 270 grados).

- La orientación de la pirámide quedará alineada a la curva de sombra.

- A mayor tamaño de la pirámide, mayor es la perfección en el trazado.

- El procedimiento utilizado solo es útil para trazar pirámides.

Estas proezas de la agrimensura antigua, fueron realizadas utilizando los conocimientos existentes en el contexto histórico del Antiguo Imperio Egipcio.

Colocación de la Cobertura

En la evolución constructiva de las pirámides egipcias, existe una continuidad en la forma de construir estas pirámides. Primero se construía un núcleo escalonado y luego de trazar la forma piramidal se colocaba la cobertura. La Gran Pirámide fue construida de esta manera también y el único problema nuevo que presenta es la colocación de la cobertura en la zona alta de la pirámide.

El tamaño de los bloques de la cobertura disminuye con la altura, tal y como puede verse en la pirámide de Kefren. En los niveles bajos estaban los bloques de mayor tamaño que pueden llegar a una decena de toneladas mientras que en el sector alto no superan la tonelada. Esta disminución en el tamaño de los bloques está evidenciando la dificultad de subirlos y las diferentes técnicas utilizadas para hacerlo.

En los sectores bajos se utilizan rampas, que son simples terraplenes en cada cara. Cuando se superaba la altura de los niveles bajos se continuaba conectando la rampa principal con la cara Sur. Una vez subidos los bloques mediante la rampa principal al nivel en que se estaba colocando la cobertura, éstos eran desplazados sobre la superficie de la cobertura en construcción.

La elevación de los bloques de la cobertura por encima de la altura media de la pirámide se realizaba mediante cuerdas, izando cada bloque sobre la cara de la pirámide. Los bloques estaban colocados sobre de un trineo de madera que se deslizaban sobre guías de madera, para disminuir la fricción. El esfuerzo era realizado por cuadrillas apostadas sobre los escalones del núcleo y la superficie de la cobertura en construcción.

El arqueólogo egipcio Selim Hassan realizó un descubrimiento trascendente en la meseta de Giza. Consiste en un apoyo fijo para cuerdas tallado en piedra, que presenta tres ranuras paralelas con forma de media caña por las cuales se deslizaban las cuerdas. En el sector opuesto a las ranuras existe una saliente en forma de espiga con dos orificios que tenía la función de sujetar dicho elemento mediante tarugos a una estructura (Verner 2001: 85).

Un elemento similar fue encontrado en la pirámide de Khentkaus. Difiere con el anterior en que presenta un único orificio de sujeción en la espiga. Esta forma del apoyo permite modificar la dirección de la cuerda en 45 grados mínimo.

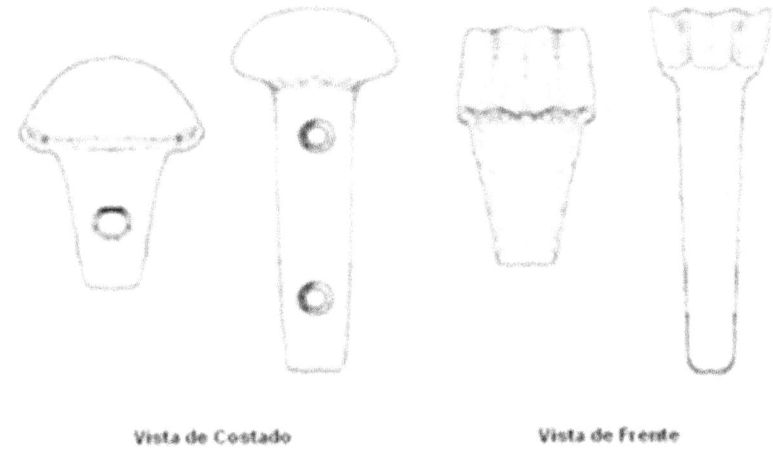

Figura 57 : Apoyos para cuerdas

Dieter Arnold comparte la opinión de que este apoyo para cuerdas estaba sujeto a una estructura de madera y agrega "formaban parte de un dispositivo desconocido para tirar o bajar tres cuerdas paralelas deslizándose sobre un borde o una esquina de la edificación" (Arnold 1991: 282).

Al apoyo para cuerdas se suma el uso de contrapesos, que facilitaba el esfuerzo a realizar. Un contrapeso básicamente es un recipiente colocado sobre un trineo que puede ser cargado mediante bolsas de arena, trozos de bloques e incluso el peso de los propios hombres. Al descender el contrapeso eleva o ayuda a elevar el bloque, dependiendo de la carga del contrapeso, del peso del bloque a subir y de las pérdidas por rozamiento de la cuerda sobre los soportes de cuerdas.

Aquí se plantea la interrogante sobre si el contrapeso utilizado era exterior a la pirámide o interior. Esta interrogante surge debido a que en el interior de la Gran Pirámide existe una gran rampa denominada la Gran Galería (1).

La distribución de cámaras y corredores que componen el interior de las pirámides inicialmente se hacían subterráneas y luego pasaron a incorporarse en la estructura a nivel de su base.

En la Gran Pirámide se da un diseño atípico en el cual las cámaras y corredores ganan altura dentro de la estructura. Este diseño inusual es motivado por la inclusión de la Gran Galería en el diseño.

La Gran Galería es un plano inclinado o rampa interior que por el hecho de encontrarse dentro de la estructura del núcleo de la pirámide adquiere la forma de una galería. Esta galería tiene la infraestructura necesaria para deslizar en su interior un contrapeso. Dispone de dos guías de piedra a nivel del piso, junto a las paredes. Otro detalle interesante son los bloques de piedra encastrados en las paredes a intervalos regulares, aptos para cumplir con la función de detener el contrapeso en posiciones intermedias.

La Gran Galería cumplió la función de ser un corredor para acceder a la cámara superior. Sin embargo, su diseño presenta características que no pueden ser explicados únicamente por esta función.

"Hay características únicas en la galería que durante siglos han dejado perplejos a los investigadores" Se requiere "comprensión clara de todas las piezas del puzzle….., para explicar el propósito de la Gran Galería en relación con la pirámide en su conjunto"(Lepre 1990: 79).

Ubicación de la Gran Galería:

- Ubicación en el plano Norte-Sur: La Gran Galería tiene la singularidad de terminar exactamente en el plano central de la pirámide. Para que la Gran Galería pudiera cumplir la función de contener un contrapeso, la cuerda que trasmitía el esfuerzo hacia el exterior debió subir verticalmente desde el sector más alto de la Gran Galería hasta alcanzar la cima a través de un conducto que denominaremos "conducto de la cuerda".

Figura 58 : Gran Galería (Jon Bodsworth)

- Ubicación en el plano Este-Oeste: La Gran Galería, fue construida en un plano, desplazado del plano central Norte-Sur, 7,5 metros hacia el Este. La asimetría es un elemento atípico en la arquitectura egipcia, que utilizaba la simetría como elemento predominante. Esta asimetría en la ubicación de la Gran Galería responde a una razón relevante en el diseño que confirma su función.

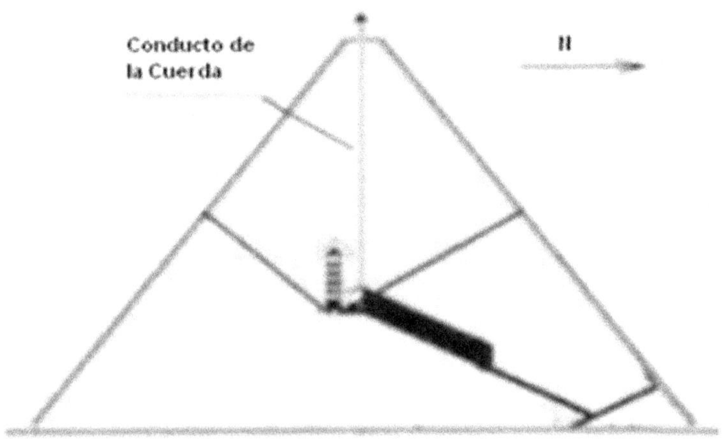

**Figura 59 : Ubicación de la Galería en el plano Norte-Sur
(autor)**

La existencia de conductos de gran longitud y pequeña sección atravesando la albañilería del núcleo son característicos de esta pirámide.

Proyectando el sector alto de la Gran Galería, donde se encuentra el gran escalón, verticalmente hacia la cima de la pirámide, vemos que el conducto de la cuerda necesario para transmitir el esfuerzo al exterior, saldría a un costado del piramidón. La ubicación de la Gran Galería desplazada del plano central evidencia el propósito principal con que fue incluida en el diseño, que consistió en contener un contrapeso utilizado durante la colocación de la cobertura en el sector medio y alto de la pirámide.

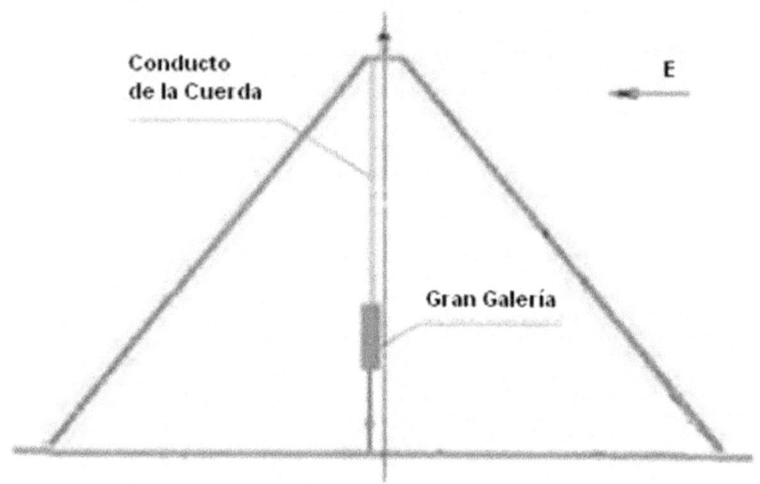

Figura 60: Ubicación de la Galería en el plano Este-Oeste (autor)

La figura es un dibujo de la cima de la pirámide, realizado por E.W.Laner, dibujante profesional, en el trabajo "Descripción Exhaustiva de Egipto" (Museo Británico, add. MS. 34,083, f.24) – publicada por C.W. Ceram en su libro "En busca del pasado".

Observando la figura podemos identificar un sector rectangular con características semejantes a la boca del conducto, en la ubicación antes mencionada conteniendo tres pequeños bloques (ver flecha).

Figura 61: La Gran Galería (Smith)

En esta página web se puede visitar la plataforma de cima y confirmar la precisión alcanzada por Laner en su dibujo (ver: http://www.pbs.org/wgbh/nova/ancient/explore-ancient-egypt.html).

Una vez colocada la cobertura, la cara exterior del revestimiento llegaba desde la cantera con forma irregular que era terminada en sitio.

Figura 62: Cima de la Gran Pirámide (E.W.Laner)

En la Gran Pirámide, existen otros cuatro conductos de gran longitud y pequeña sección. La existencia de bloques tan pequeños como los que indicamos en la fotografía no son usuales en la construcción de la pirámide. Recientemente se descubrió un bloque de estas características en el interior de uno de los conductos existentes en la Cámara de la Reina.

Esta técnica además de ser efectiva al momento de elevar

los bloques de la cobertura a gran altura, explicaría el verdadero propósito de la Gran Galería y tiene la peculiaridad de ser demostrable mediante una inspección visual de la cima de la pirámide. La pirámide de Kefren es posterior a la Gran Pirámide y ligeramente más baja que ella. Es de suponer que debió de ser construida con los mismos procedimientos considerando los resultados obtenidos. En particular, debió de utilizarse la técnica de elevar los bloques a gran altura descripta anteriormente y por consiguiente debería tener al igual que la pirámide de Keops una Gran Galería en su interior.

La Gran Galería en el interior de Keops la conocemos por los trabajos realizados por el califa Al Mamun. Si estos trabajos de apertura de la pirámide no se hubieran realizado, conoceríamos simplemente el corredor descendente y la cámara subterránea.

Algo similar es lo que conocemos de la pirámide de Kefren. Sus entradas fueron descubiertas por Batista Belzoni luego de remover bloques y escombros que estaban acumulados sobre la cara Norte. Hasta ese momento la opinión predominante era que la pirámide de Kefren era maciza, sin cámaras en su interior. Una vez que ingresa a la pirámide, Belzoni accede a la Cámara Funeraria encontrándola vacía. El túnel excavado por saqueadores así como una inscripción dejada en la cámara daban cuenta de una incursión anterior probablemente muy antigua.

Si existe una Gran Galería dentro de la pirámide de Kefren entonces el proyecto Scan Pyamid tendría que poder identificarla.

El proyecto Scan Pyramid no pudo identificar en su primer relevamiento, el gran espacio existente sobre el techo de la Gran Galería

La construcción en bóveda de la Gran Galería (como puede verse en las cámaras y los corredores de la pirámide de Meidum) termina donde se juntan las paredes, por encima del techo horizontal existente. Publiqué un artículo en Academia.edu en 1/2017 explicando mi opinión sobre la existencia de un gran espacio hueco sobre el techo de la Gran Galería.

Figura 63: Terminación del Revestimiento (autor)

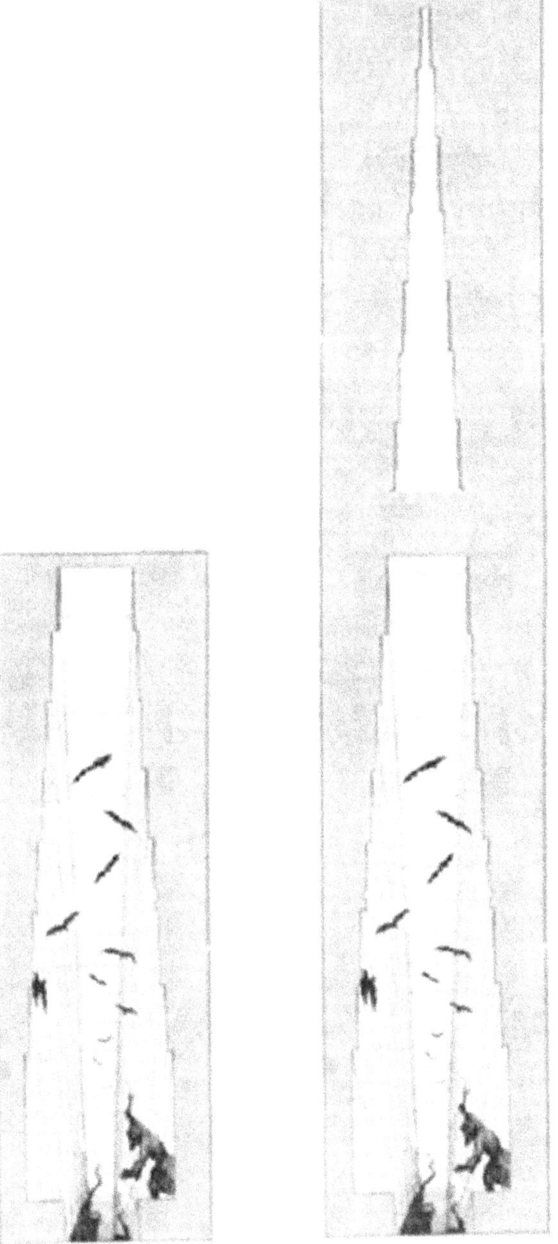

Figura 64: Sector alto de la Gran Galería (autor)

El proyecto Scan Pyramid, pudo identificar este espacio vacío en 11/2017. ¿Por qué este gran espacio vacío no pudo ser identificado en el primer relevamiento? Porque según los resultados, ese espacio no está vacío sino que fue rellenado con arena y otros materiales.
Es muy probable que algo similar esté ocurriendo en la pirámide de Kefren.

Una vez finalizada la colocación del revestimiento se procedía a su terminación. Cordeles horizontales eran tendidos desde las aristas sobre la zona en que se estaba terminando la cobertura.

Bibliografía

Hawass Zahi, Pyramid Construction,New Evidence Discovered at Giza, http://guardians.net/hawass/pbuildrs.htm"

Hawass Zahi and Mark Lehner, Giza and the Pyramids, 2017.

Lehner Mark, The Complete Pyramids, Thames & Hudson, 1997.

Petrie Flinders, The Pyramids and Temples of Gizeh, Scribner & Welford, 1883.

Dieter Arnold, Building in Egypt: Pharaonic Stone Masonry, Oxford University Press, 1991.

Dash, Glen, "New Angles on the Great Pyramid," AERAGRAM, Vol. 13 no. 2 (Fall 2012), 10-19.

Dash, Glen , Did the Egyptians Use the Sun to Align the Pyramids?

Edwards I.E.S., The Pyramids of Egypt, Penguin Books, 1993.

Fakhry Ahmed, The Pyramids, The University of Chicago Press, 1975.

Isler Martin, Sticks, Stones, and Shadows: Building the Egyptian Pyramids, 1926

Lauer J.P, Le Problème des Pyramides D`Égypte, Payot, 1948.

Lepre J.P., The Egyptian Pyramids, Mc Farland, 1990

Maragioglio Vito and Celeste Rinaldi. L'Architettura delle Piramidi Menfite, Rapallo, 1965.

Mendelssohn Kurt, The Riddle of the Pyramids, Thames and Hudson, 1974.

Sampsell Bonnie M., Pyramid Design and Construction - Part I: The Accretion Theory, The Ostracon, Journal of the Egyptian Study Society, Denver, 2000.

SmythCraig B., How the Great Pyramid was built, Smithsonian Books, 2006.

Miroslav Verner, Las Pirámides, El Misterio, Cultura y Ciencia de los grandes monumentos de Egipto, Grove Press, 2001.

Di Matteo Gerardo Daniel, Construction at Giza, Magazine of Uruguayan Insitute of Egyptology, (1/1981).

Di Matteo Gerardo Daniel, La Pirámide Posible, Amazon, (11/2012).

Di Matteo Gerardo Daniel, Trazado y Construcción de las Pirámides de Giza, (3/2018).

Di Matteo Gerardo Daniel, Las Cámaras Funerarias Secretas, (1/2019).

El Autor

Nacido en Montevideo el 25/11/1958, de profesión Perito en Ingeniería Mecánica.

Desde su juventud ha tenido particular vocación por el estudio de la evolución constructiva de las pirámides egipcias. Fue en una clase de historia a los 12 años de edad, que vio por primera vez un dibujo en corte de la pirámide del faraón Keops.

En la década de 1980 completó su tesis que consiste en relacionar el diseño de la distribución interior de la Gran Pirámide con su construcción. .Dicho trabajo fue evaluado por el arquitecto J. F. Lauer. En el año 1981 publicó el artículo "Construcción en Giza" en la revista del Instituto Uruguayo de Egiptología.

Continuó desarrollando su investigación sobre la base del análisis de los requisitos constructivos y funcionales que hacen a la realización de esta obra maestra y los procedimientos disponibles para satisfacerlos.

En el año 2012 publicó su libro " La Pirámide Posible" donde desarrolla la investigación sobre el trazado de las grandes pirámides. En el año 2013 recibió la Medalla al Mérito de la República Árabe de Egipto en el concurso realizado por el Embajador de Egipto y el Instituto Uruguayo de Egiptología.

Las conclusiones de esta prolongada investigación son publicadas en este libro "Trazado y Construcción de las Pirámides Egipcias", conjuntamente con las opiniones sobre la materia de los principales especialistas.

www.ingramcontent.com/pod-product-compliance
Lightning Source LLC
Chambersburg PA
CBHW061317120726
48001CB00002B/558